„Drum frisch, Kameraden, den Rappen gezäumt . . .“

Stefan Kestler, Kai Uwe Tapken

„Drum frisch, Kameraden, den Rappen gezäumt ..."

Ein historisch-photographischer Streifzug durch
die Bamberger Garnisonsgeschichte 1871–1939

Verlag Fränkischer Tag

Veröffentlichungen des Stadtarchivs Bamberg,
herausgegeben im Auftrag der Stadt Bamberg vom Stadtarchiv Bamberg

Nr. 8: Stefan Kestler/Kai Uwe Tapken: »Drum frisch, Kameraden, den Rappen gezäumt . . .«.
Ein historisch-photographischer Streifzug durch die Bamberger Garnisonsgeschichte 1871–1939.

Titelbild: Bamberg. 1. bayer. Ulanen-Regt. „Kaiser" (Farbpostkarte, Historisches Museum Bamberg).
Umschlagrückseite: K. B. 1. Ulanen-Regiment. Kaiser Wilhelm II., König von Preußen, Bamberg
(Farbpostkarte nach einem Gemälde von Anton Hoffmann, München; Historisches Museum Bamberg).

Gestaltung: Daniel Palasti
Lektorat: Monika Beer
Gesamtherstellung: Fränkischer Tag GmbH & Co KG, Bamberg
Printed in Germany

ISBN 3-928648-36-5
ISSN 0936-4757

Vorbemerkung

Wenn im Bamberg unserer Tage immer häufiger in Vergessenheit zu geraten scheint, daß die Stadt an der Regnitz neben einer weithin bekannten Brautradition auch eine jahrhundertealte Geschichte als Garnisonsstandort besitzt, so erinnern uns doch mannigfache Relikte an diese Zeit. Neben dem gewohnten Anblick der längst in das tägliche Leben der Bamberger integrierten US-Streitkräfte liefern Denkmäler, museale Erinnerungsstücke sowie Kasernenbauten Reminiszenzen an jene Jahre, in denen die Bamberger Garnison überregionale Bedeutung erlangen konnte. Gerade der Umgang mit jenen historischen Sachquellen, die uns vor allem in Form zahlreicher Kasernengebäude und deren Umgriff erhalten geblieben sind, scheint uns heute jedoch – mehr denn je – einige Schwierigkeiten zu bereiten. Mangelnde Kenntnis der eigenen Geschichte im regionalen und überregionalen Bereich sowie weitreichendes Unverständnis im Umgang mit bedeutungsvoller Bausubstanz führen leider nur allzu oft zu vorschnellem Abriß und der Zerstörung historisch und baugeschichtlich relevanter Strukturen. Die teils lebhafte Diskussion und Anteilnahme an diesen Fragen zeigt indes deutlich, daß, wie auch in vielen anderen Bereichen unseres täglichen Lebens, weitergehende Information der Sachdebatte nur förderlich sein kann. Vielleicht wird auch das vorliegende – längst überfällige – Buch wenigstens einen kleinen Beitrag leisten können, ein wichtiges Kapitel der Bamberger Stadtgeschichte dem Interesse einer breiteren Öffentlichkeit zuzuführen.

Stefan Kestler, Kai Uwe Tapken
Bamberg, im Dezember 1998

Die Entwicklung der Bamberger Garnison
bis zum Ausbruch des Zweiten Weltkrieges

Das Heerwesen
des Fürstbistums Bamberg bis 1802

Die Bischofsstadt Bamberg mußte als Mitglied verschiedener Bündnissysteme bereits seit dem 16. Jahrhundert eigene Truppen bereitstellen. In dieser Zeit genossen Soldaten bei der Bevölkerung des flachen Landes, aber auch in den Städten, im allgemeinen kein besonders großes Ansehen, da die Heerhaufen zu einem Gutteil aus angeworbenen Söldnern bestanden, die für den Meistbietenden kämpften und im eigenen Gebiet nicht selten ebenso schlimm hausten wie im Feindesland. Diese Söldnerheere standen außerhalb jeder ständischen Ordnung sowie außerhalb der staatlichen Hoheitsrechte und entwickelten damit in der Regel auch keinerlei Loyalität gegenüber dem jeweiligen Kriegsherrn. Das Prinzip „aus dem Lande konsumieren, um die Truppe zu konservieren" erwuchs vielmehr zum bestimmenden Element, besonders in der zweiten Hälfte des Dreißigjährigen Kriegs. In der Folge sank dadurch aber auch der militärische Wert der Söldnerheere. Weiter kam hinzu, daß eine derartige Armee hohe Kosten für den Unterhalter verursachte und kontinuierlich bezahlt werden mußte. Die dafür notwendigen finanziellen Mittel trieb man indes häufig innerhalb der eigenen Bevölkerung durch erhöhte Steuern oder Abgaben ein.

Zusammen mit den Bistümern Würzburg und Eichstätt, den Reichsstädten Nürnberg, Rothenburg ob der Tauber, Schweinfurt, Weißenburg am Nordgau und Winzheim, den Besitzungen des Deutschen Ordens, der Grafen von Castell, Henneberg, Rieneck, Hohenlohe, Erbach und Limburg sowie den brandenburgischen Fürstentümern gehörte das Bistum Bamberg einst zum sogenannten „Fränkischen Kreis". An Truppen hatte dieser Verband in der Mitte des 16. Jahrhunderts 1423 Fußsoldaten und 288 Reiter zu stellen. Dazu gehörte außerdem eine Kreismiliz, die aus 800 Berittenen und 800 Hakenschützen bestand.

Zwischen den Jahren 1506 und 1533 hatte sich Bamberg dem „Schwäbischen Bund" angeschlossen und beteiligte sich aktiv an den Kriegszügen gegen Franz von Sickingen und Götz von Berlichingen. Von 1534 bis 1544 gehörte Bamberg dann zur „Eichstättischen Einigung". Dieser Umstand verpflichtete die Stadt zur Gestellung von 100 Reitern und 300 Fußsoldaten. Für den von 1556 bis 1598 bestehenden „Landsberger Bund" hatte das Bistum zwei Fähnlein zu je 400 Infanteristen und einen Rittmeister mit 200 Reitern aufzubieten.

Im Krieg gegen den Markgrafen Albrecht Alcibiades stellte der Bamberger Bischof 1553 600 Reiter auf; 1595 kämpfte ein Bamberger Reiterfähnlein im Verbund mit fränkischen Kreistruppen überdies auf dem Balkan gegen die Türken und erlitt dort schwere Verluste.

Im 17. und 18. Jahrhundert wurden die Bistümer Bamberg und Würzburg größtenteils gemeinsam verwaltet, was zur Folge hatte, daß die Truppen beider Städte zu einem Truppenkörper vereinigt wurden. Auf dem Bundestag in Würzburg 1619 war die Truppenstärke beider Bistümer auf 2100 Infanteristen und 500 Kavalleristen festgelegt worden. Bamberg mußte zudem eine 800 Mann starke Landwehr in ständiger Bereitschaft halten. Im böhmischen Feldzug von 1619/20 kamen die neu formierten Truppen erstmals zum Einsatz und bewährten sich besonders bei der Eroberung Prags im November 1620.

Im Jahre 1664 wurde das Kontingent beider Städte in Ungarn gegen die Türken eingesetzt, beteiligt waren dabei ein Regiment Infanteristen mit 1800 Mann, zudem 620 Kavalleristen. 1675 verpflichtete sich Fürstbischof Philipp von Dernbach dem Kaiser gegenüber, je ein Kürassier- und ein Dragoner-Regiment in seinem Hochstift aufzustellen.

Diese hohe Truppenzahl wurde jedoch aus finanziellen Gründen nur in Kriegszeiten beibehalten; so betrug beispielsweise 1749 die Mannschaftsstärke der Bamberger Dragoner-Kompanie lediglich 53 Soldaten. Im Rahmen der fränkischen Kreistruppen setzte sich das Bamberger Kontingent seit 1753 aus 153 berittenen Soldaten und 609 „Mann zu Fuß" zusammen. Die neben den Kreistruppen bestehenden Haustruppen des Hochstifts gliederten sich seit 1763 in zwei Musketierkompanien, zwei reguläre und zwei bürgerliche Artilleriekompanien, ein Husarenkommando als Streifkorps und eine Abteilung sogenannter „Trabanten" (Leibwache), was insgesamt etwa 1000 zusätzliche Soldaten ausmachte. Zu diesen regulären Truppen gesellten sich noch Landwehr und Landsturm, dem alle diensttauglichen Untertanen vom 18. bis zum 40. Lebensjahr angehören sollten. Das sogenannte „Landregiment" wurde von den 18- bis 21jährigen Mannschaften gebildet. Mit Vollendung des 21. Lebensjahres gingen diese Soldaten in die Reserve über.

Im Jahr 1758 umfaßte das Landregiment 1348 Mann, die Stärke der Reserve betrug dabei 8986 Soldaten. Gegen Ende des 18. Jahrhunderts gab es im gesamten Hochstift Bamberg 28 864 wehrfähige Männer.

Die Uniformen der Bamberger Soldaten waren in diesem Zeitraum im wesentlichen denen der fränkischen Kreistruppen angepaßt. Die Reiter trugen einen weißen Rock mit hellblauen Aufschlägen, eine paillefarbene (strohgelbe) Unterjacke, weiße Hosen und hohe Stiefel, dazu den Hut mit schwarz-weißen Federbüschen und hellblau-weißen Achselschnüren. Der Dienst bestand hauptsächlich aus Paradieren und Postenstehen; u. a. befand sich auch in der Alten Hofhaltung ein Posten der Fürstbischöflichen Truppen.

Bei der Übernahme dieser bambergischen Truppen 1802 durch den Bayerischen Staat war das Bamberger Offizierskorps stark überaltert, die Infanterie wurde als mangelhaft, die Kavallerie dagegen als sehr gut eingestuft.

Bamberg als Standort bayerischer Truppen

Das Fürstbistum unterhielt zum Zeitpunkt des Anschlusses an Bayern ein Bataillon, welches bereits 1790 den Namen „Infanterie-Bataillon Bamberg" erhalten hatte. Mit Beginn der bayerischen Herrschaft im August 1802 wurde das Bataillon dem Rheinpfälzischen Infanterie-Regiment „Graf von Ysenburg" zugeteilt. Im März 1804 erhielt es die Bezeichnung „9. Infanterie-Regiment" und blieb bis 1831 in Bamberg stationiert. Aus den zwei verbliebenen Dragoner-Kompanien des Hochstifts wurde im März 1803 mit einer weiteren Kompanie des Würzburger Hochstifts das Kurfürstlich Bayerische Chevaulegers-Regiment „Bubenhofen" gebildet, das anfangs die Nummer 4 erhielt. Am 29. April 1811 benannte man das Regiment schließlich in 6. Chevaulegers-Regiment um. Diese Kavallerieeinheit blieb von 1803 bis 1863 zumindest teilweise in Bamberg in Garnison. Gruppen des Regiments lagen außerdem in Würzburg und Forchheim. Schließlich waren zwischen 1806 und 1810 das 5. Infanterie-Regiment „Graf Preysing" und

von 1806 bis 1808 das II. Bataillon des Königlich Bayerischen Artillerie-Regiments in Bamberg stationiert.

Während der gegen das revolutionäre Frankreich gerichteten Koalitions- und der anschließenden Befreiungskriege von 1813 bis 1815 war Bamberg immer wieder von verschiedenen Kontingenten kurzfristig belegt worden. Ab 1815 wurden in die Stadt vor allem Kavallerie-Einheiten verlegt; so bereits 1815 Teile des 2. Husaren-Regiments, das nach seiner Auflösung 1822 in das 3. Chevaulegers-Regiment mit eingegliedert wurde. Diese Einheit blieb bis 1832 vor Ort.

Im Mai 1831 erfolgte dann der Einmarsch des 3. Jäger-Bataillons, welches bis 1847 in Bamberg blieb und anschließend nach Aschaffenburg überführt wurde. Ab 1849 kam das II. Bataillon des 6. Infanterie-Regiments in die Bamberger Garnison, ab 1855 das 5. Infanterie-Regiment, das bis 1919 in der Stadt weilte.

1863 bildete man aus Teilen des 2. und 6. Chevaulegers-Regiments das 3. Ulanen-Regiment, das bis 1867 seine Heimat in Bamberg fand. Abgelöst wurde dieses Regiment vom 2. Chevaulegers-Regiment aus Ansbach, welches bis 1872 verblieb und dann durch das eigentliche Stammregiment der Stadt, das 1. Ulanen-Regiment, ersetzt wurde. Dieses Regiment behielt bis 1919 seinen Standort an der Regnitz.

Bamberg diente besonders seit dem Anschluß an Bayern als wichtiger Garnisonsort für verschiedenste Regimenter. Gemessen an seiner Einwohnerzahl im 19. Jahrhundert war die Stadt dabei ein stark frequentierter Standort, dessen durchgehende Belegung der Bevölkerung – besonders in wirtschaftlicher Hinsicht – zu einem deutlichen Aufstieg verhalf. Schon früh erkannte man von Seiten der Bürger die enormen Vorteile, die eine Garnison der Stadt und dem ganzen Umland zu bieten hatte.

So führte der Bau von neuen Kasernen am Stadtrand zur Ansiedlung von Betrieben, die für das Militär arbeiteten und produzierten. Die Verbesserung der Infrastruktur durch den Neubau oder die Erweiterung von Straßen schuf zusätzliche Arbeitsplätze für die Bevölkerung, außerdem wirkten etliche Bamberger Bürger als Zivilangestellte direkt im Kasernenbereich mit. Auch sollten daneben die gesellschaftlichen Auswirkungen für das städtische Leben nicht außer Acht gelassen werden; so waren Truppenparaden, Platzkonzerte der Musikkorps sowie Feierlichkeiten im militärischen Bereich bis ins 20. Jahrhundert hinein immer ein öffentliches Ereignis ersten Ranges. Darüber hinaus erlangte Bamberg durch Truppenbesuche von zeithistorischen Persönlichkeiten wie dem preußischen Kronprinzen oder dem bayerischen König auch überregionales Ansehen, was die Stadt wiederum für auswärtige Besucher interessant machte.

Die Bamberger Stadtoberen wollten „ihre" Garnison nach außen hin natürlich stets in einem besonders günstigen Licht erscheinen lassen; Hintergedanke hierbei war die durchaus bestehende Möglichkeit der Verlegung eines

Teils der Truppen an einen anderen Standort; eine Entwicklung, die für Bamberg nunmehr bedeutende wirtschaftliche und ökonomische Verluste zur Folge gehabt hätte.

Ein Großteil der Ausgaben eines Regiments nahm bekanntermaßen die Besoldung der Soldaten ein. Geht man davon aus, daß der überwiegende Teil der monatlichen Löhnung für den Lebensbedarf im weitesten Sinne verwendet wurde, verblieb dieser – noch dazu in Zeiten ausgeprägter Immobilität – zugleich am Standort und seiner näheren Umgebung.

Mit Beendigung des für das Deutsche Reich verlorengegangenen Ersten Weltkriegs erfolgte die Rückkehr der aktiven Feldregimenter und Reserveformationen im Winter 1918/19 nach Deutschland, wo man mit ihrer Demobilisierung begann.

Gemäß dem „Gesetz über die Bildung einer vorläufigen Reichswehr" entstanden aus den zwölf bayerischen Kavallerie-Regimentern verschiedene Freiwilligen-Eskadronen. In Bamberg wurde eine Eskadron unter Rittmeister Siegfried Freiherr von Schaetzler zum Schutz der aus München nach Bamberg geflohenen bayerischen Regierung eingesetzt. Nach dem Ende der Räterepublik in München im Mai 1919 stellte man drei Reichswehrbrigaden mit den Nummern 21, 23 und 24 auf. Bamberg gehörte zum Befehlsbereich der Brigade 23 und blieb auch weiterhin Garnisonsstadt. Da mit Inkrafttreten des Versailler Vertrages die Mannschaftsstärke der Deutschen Armee auf 100 000 Mann reduziert werden mußte, verblieben in Bamberg nur die 1. und 5. Schwadron des neugebildeten 17. Bayerischen Reiter-Regiments. Von den einstmals dreizehn Standorten der bayerischen Kavallerie konnten nur drei erhalten werden; neben Bamberg noch Ansbach und Straubing. Im Gedenken an die alte bayerische Kavallerie übernahm jede Eskadron die Tradition von zwei ehemaligen Regimentern.

Die drei Kavalleriegarnisonen lagen räumlich weit auseinander, wodurch die Ausbildung oberhalb der Schwadronsebene erheblich erschwert wurde. Deshalb wurde das Regiment in den 20er Jahren jährlich auf verschiedenen Truppenübungsplätzen zusammengezogen. 1934 erfolgte die Verlegung der 2. und 6. Schwadron nach Bamberg. Die in Straubing und Ansbach verbliebenen Teile wurden einer Panzerabwehr-Abteilung bzw. einem Kradschützen-Bataillon zugeordnet. Bamberg war damit alleiniger Standort des Reiter-Regiments 17 geworden. Die einzelnen Schwadronen des Regiments lagen nun in der Koppenhof- und Holzhofkaserne sowie in der Lagardekaserne (ehemalige Neue Infanteriekasernen).

1938 marschierte das Regiment nach Österreich, wenige Monate später erfolgte der Einmarsch ins Sudetenland und im März 1939 nach Böhmen und Mähren. Mit der Mobilmachung am 23. August 1939 hörte das Reiter-Regiment 17 als selbständiger Regimentsverband auf zu bestehen.

Bereits im Sommer 1935 war erstmals wieder eine Infanterieeinheit in die Stadt verlegt worden. Es handelte sich hierbei um das Maschinengewehr-Bataillon 6, das aus Teilen der Infanterie-Regimenter 21 und 42 gebildet worden war. Am 1. Oktober 1936 verlegte man das Bataillon jedoch nach Coburg. Beinahe zur gleichen Zeit avancierte Bamberg aber auch zum Garnisonsort für das Panzerregiment 3, das aus Kamenz abberufen worden war und in den gerade fertiggestellten „Panzerkasernen" an der äußeren Zollnerstraße untergebracht wurde. Am 10. März 1938 brachte man das Regiment per Bahn nach Österreich, wo nach einigen Wochen beschlossen wurde, es nicht mehr nach Bamberg zurückzuverlegen. An seine Stelle trat im November 1938 das Panzerregiment 35.

Mit dem Ausrücken der deutschen Divisionen zu Beginn des Zweiten Weltkriegs endete auch ein lange andauerndes Kapitel bayerischer Truppen in Bamberg. Nach dessen Ende wurden keine deutschen Soldaten mehr in der Stadt an der Regnitz untergebracht. Dafür nutzen seit 1945 die Amerikaner das weitläufige Kasernengelände an der Pödeldorfer- und der Zollnerstraße. Bis 1992 lagen dort teilweise bis zu 16 000 Mann verschiedenster Brigaden in Garnison. Seit dem Ende des Kalten Kriegs sind jedoch bereits über 70 Prozent der amerikanischen Militärangehörigen zurück in ihre Heimat oder an andere Stützpunkte verlegt worden.

Allgemeine Voraussetzungen für die Neubegründung oder Erweiterung eines Garnisonsstandortes

Über das Zusammenwirken von Garnisonstruppe und Garnisonsstadt ist im bayerischen Bereich bisher erst wenig geforscht worden. Dabei beleuchten aber die bis in die heutige Zeit reichenden Anfragen bayerischer Städte um die Neubegründung oder Erweiterung einer bestehenden Garnison durchaus die wirtschaftlichen, politischen und sozialen Verhältnisse der einzelnen Bewerber.

Verstärkte Bemühungen um die Zuteilung einer Garnison setzten im allgemeinen etwa zu Beginn des 19. Jahrhunderts ein, als nach vorangegangener Säkularisation und Mediatisierung aus den Söldnertruppen des 18. Jahrhunderts in Bayern ein Heeresverband geschaffen wurde, dessen Truppen wesentlich heimatverbundener und vor allem disziplinierter waren als ihre Vorgänger.

Das Ziel städtischer Eingaben war immer die Neubegründung, Beibehaltung oder der Ausbau einer bereits bestehenden Garnison, wobei die Unterbringung der Soldaten in militäreigenen Unterkünften erfolgen sollte. Begründet wurde die Mehrzahl dieser Ersuchen – von 1802 bis 1919 immerhin mehr als 640 allein in Franken – mit Hinweisen auf die wirtschaftliche Situation des Ortes oder der Region. So erhoffte sich die Gemeinde Dinkelsbühl 1853 mit ihrem Gesuch eine „Aufhelfung des Nahrungs-zweiges", die Gemeinde Zirndorf im Landkreis Fürth gab 1913 „Gründe allgemeiner Art, wie die Hebung des Verkehrs, Förderung des Gewerbes u.s.w." an. Die Stadt Bamberg brachte in ihrer Bewerbung von 1848 vor allem den Ruin des Speditionshandels und den Rückgang der Einnahmen im Beherbergungsgewerbe vor. 1913 bat Bamberg um eine Truppenvermehrung, da die Stadt durch die Verlegung des Oberbahnamtes nach Bayreuth schwere Einbußen hatte hinnehmen müssen. Während des Ersten Weltkriegs bemühten sich die Bamberger noch des öfteren um die Zuweisung neuer Regimenter, mit denen sie die wirtschaftlichen Verluste, die durch die Verlegung des 5. Infanterie-Regiments und des 1. Ulanen-Regiments an die Front entstanden waren, auszugleichen suchten. Noch 1918 bat die Stadt beim Bayerischen Kriegsministerium um ein Verbleiben des Königlich Bayerischen 1. Ulanen-Regiments in Bamberg, da die Einheit mit ihrem Standort „eng verwachsen" und überdies im Hauptsmoorwald ein hervorragendes Betätigungsfeld für ein Kavallerieregiment vorhanden sei. Im Mai 1920 verwies Bamberg in einem weiteren Gesuch zudem auf die Leistungen, die „in den schwersten Wochen bayerischer Geschichte von seiner Bevölkerung vollbracht wurden".

Im Vergleich zu anderen Garnisonsstädten war Bamberg bereits zu Beginn des Ersten Weltkriegs ein stark frequentierter Truppenstandort, der immerhin zwei vollständig ausgerüstete Regimenter sowie die Kommandos über zwei Brigaden beherbergte.

Insgesamt bewarben sich rund 150 bayerische Orte um ein vollständiges Kavallerie- oder Infanterie-Regiment, um Landwehrbataillone oder auch nur um Truppenübungsplätze und Invalideneinrichtungen. Diese große Zahl zeigt deutlich, wie begehrt die Erhebung zur Garnison war. Vergleicht man die Friedensstärke der bayerischen Armee, welche 1913 auf 73 000 Mann festgelegt worden war, mit der Anzahl der Anträge, so fällt auf, daß ihre Truppenstärke um ein Vielfaches größer hätte sein müssen, um tatsächlich alle Garnisonswünsche zu erfüllen.

Stimmen gegen eine Stationierung wurden meist nur sehr selten erhoben, so z. B. bereits 1817 in Altötting, wo man durch die Unterbringung einer Eskadron Kavallerie eine Beeinträchtigung des Wallfahrtbetriebes befürchtete, oder 1850 in Kitzingen, wo eine Stationierung eine mögliche Verteuerung der Lebensmittelpreise nach sich gezogen hätte.

Bamberg hatte das Glück, bei der Verlegung „seiner" Regimenter in andere Städte stets „adäquaten" Ersatz zu bekommen und so in seiner wirtschaftlichen Entwicklung – zumindest in diesem Bereich – nicht wesentlich beeinträchtigt zu werden. Dies schlägt sich auch in der Bevölkerungsentwicklung nieder; so betrug die Zahl des Zivilstandes 1846 noch 18 911 Personen, 1916 aber bereits 40 344. Die Zahl der Militärangehörigen erhöhte sich im selben Zeitraum von 2198 auf 5631. Die steigenden Bevölkerungszahlen in der zweiten Hälfte des 19. Jahrhunderts erklären auch, warum sich eine Stadt wie Bamberg trotz ihrer verhältnismäßig großen Garnison immer wieder um weitere Garnisonsverstärkungen bemühte und beim leisesten Verdacht einer Truppenreduzierung beim zuständigen Militärkommando Sturm lief. Die Garnison war im Laufe der Jahrzehnte in der Tat zu einem der bedeutendsten wirtschaftlichen Faktoren geworden. Der im Zuge der Erfüllung der Verpflichtungen des Versailler Vertrages eingeleitete Truppenabbau in den Jahren nach 1918 traf Bamberg daher besonders hart.

Die militärische Nutzung von Klöstern und Kirchen im 19. Jahrhundert am Beispiel Bambergs

Für jede Garnisonsstadt stellte sich mit der Aufnahme von Truppeneinheiten zunächst generell die Frage nach deren adäquater Unterbringung. Die Belegung von Kirchen und Klöstern als Lazarette, Depots und Kasernen setzte indes nicht erst mit der Säkularisation von 1803 ein, denn Kirchenbauten wurden in verschiedenen bayerischen Städten schon seit der Reformation militärisch genutzt. Diese Verwendung kirchlicher Gebäude war auch keineswegs eine Erfindung der bayerischen Armee. Fälle aus Brixen und Trient in Tirol zeigen, daß einige Klöster bereits vor dem Eintreffen der bayerischen Truppen in militärischem Gebrauch waren. Auch die französische

Armee nahm während der Koalitionskriege und in den anschließenden Napoleonischen Kriegen zwischen 1796 und 1814 im linksrheinischen Gebiet hauptsächlich in ehemaligen Ordenshäusern Quartier. Diesem Beispiel schlossen sich zu Beginn des 19. Jahrhunderts fast alle deutschen Staaten an.

In Franken waren von diesen Maßnahmen vor allem die ehemaligen Residenzstädte betroffen, die wegen ihrer günstigen strategischen Lage sowie ihrer politischen Bedeutung als zukünftige Standorte ausgewählt wurden. Da eine Einquartierung in Privathäusern zu zusätzlichen finanziellen Belastungen und auch Mißstimmungen in der Bevölkerung geführt hätte, blieb als Alternative oft nur der Rückgriff auf bestehende Kirchen und Klöster übrig; besonders, da in vielen Städten gar keine oder nur eine Kaserne vorhanden war. Die einzige zu Beginn des 19. Jahrhunderts in Bamberg bestehende militärische Unterkunft, die Langgasskaserne, wurde von der bayerischen Zivilverwaltung jedoch schon damals als für zu klein und veraltet erachtet. Selbst der Zustand vieler neuerer Truppenunterkünfte war indes häufig außerordentlich schlecht, denn die meisten Räume waren nicht beheizbar, die Zimmer der Mannschaften dunkel und feucht, außerdem war die Belegung der einzelnen Stuben in der Regel zu groß. So standen einem Soldaten beispielsweise 1890 in der Bamberger Karmelitenkaserne lediglich eine Fläche von 3,46 Quadratmetern und ein „Luftraum" von 11,6 Kubikmetern zur Verfügung. Betrachtet man diese Zahlen und vergleicht sie mit der Kaserneneinrichtungsvorschrift von 1879, die jedem Soldaten mindestens eine Fläche von 4,5 Quadratmetern und 15 bis 16 Kubikmeter Luftraum zubilligte, so läßt sich doch nach genauerer Prüfung feststellen, daß diese schlechten Verhältnisse keineswegs auf Bamberg beschränkt blieben, sondern Parallelen in fast allen anderen militärisch genutzten bayerischen Klöstern besaßen.

Daraus resultierten auch große hygienische Probleme, da den Soldaten z. B. im Bamberger Bereich noch 1890 zum Baden nur die Militärschwimmschule an der Regnitz, das heutige Hainbad, überlassen werden konnte. Die Benutzung dieses Bades war jedoch nur im Sommer möglich, im Winter gab es lediglich die sogenannte „Badeanstalt" in der Karmelitenkaserne, die zehn Duschen besaß und alle vier Wochen von den Soldaten des Standortes genutzt werden konnte. Auch die Trinkwasserversorgung genügte oft nicht den geforderten Ansprüchen, denn die Wasserleitungen vieler Klöster waren, soweit überhaupt vorhanden, veraltet und bedurften dringend einer Erneuerung.

Die schrittweise Beseitigung dieser Mißstände führte auch in Bamberg zu weitgehenden Eingriffen in die originale Bausubstanz der ehemals kirchlichen Gebäude. Der Plan, verschiedene Klöster ganz abzureißen und das anfallende Material für Kasernenneubauten zu verwenden, wurde wegen der hohen Kosten jedoch wieder fallengelassen.

Ein Umdenken setzte erst in der zweiten Hälfte des 19. Jahrhunderts ein, als man begann, die bestehenden Klosterbauten, die sich meistens zentral in der Stadt befanden, durch Kasernenneubauten am Stadtrand zu ersetzen. Verschiedene Thyphusepidemien beschleunigten diese Bauvorhaben. 1898 wurde dann in der Garnisons-Bauordnung erstmals die Notwendigkeit der Denkmalpflege festgeschrieben. Dies führte zu verstärkten Baumaßnahmen an militärisch genutzten sakralen Gebäuden, die nun auch deren Fortbestand sichern sollten. Das Clarissenkloster, das Dominikanerkloster und das Heilig-Grab-Kloster in Bamberg wurden so schon 1908 in die Liste der militärisch genutzten Denkmäler aufgenommen.

Zur Betrachtung einzelner Bamberger Klosteranlagen und ihrer militärischen Umnutzung

Clarissenkloster

Das Bamberger Clarissenkloster lag am Süd-West-Ende der Stadt am linken Regnitzarm und am Kanal, der von diesem abzweigt. Nördlich dieses Kloster-Komplexes führte die Verbindungsstraße zwischen Nonnenbrücke und Hainstraße (heutige Richard-Wagner-Straße) vorbei.

Das Clarissenkloster wurde 1341 gegründet und im Jahre 1804 aufgehoben. Die Grundstücke wurden vom Staat veräußert, die Gebäude dem Militärareal übergeben und dann zu Zwecken der Militärverwaltung verwendet. Die Kirche baute man zu einem Militärmagazin um, die übrigen Räume wurden als Mannschaftsunterkünfte und Geschäftszimmer genutzt.

Der ganze Komplex bildete ein unregelmäßiges Viereck, dessen längere Seiten auf der Süd- und Westseite, die kürzeren auf der Nord-, Nord-Ost- und Ostseite lagen. Das gesamte Areal bestand aus zehn Gebäuden, von denen aber nur ein Bau der Kasernierung der Truppe diente (Stand 1890). Kurz nach der Übernahme durch das Militär und besonders nach dem Garnisonswechsel des 5. Infanterie-Regiments im Jahre 1855 nach Bamberg wurde das Kloster wesentlich intensiver genutzt. Das einzige zweistöckige Wohngebäude, welches 1868 erbaut und 1874 erweitert worden war, bewohnten 1890 eineinhalb Kompanien des 5. Infanterie-Regiments. Die übrigen Gebäude dienten der Infanterie vor allem als Exerzierhallen und Magazine; das 1. Ulanen-Regiment verwendete einen anderen Teil der Baulichkeiten als Stallungen, Reithallen, Beschlagschmieden usw.

In der Clarissenkaserne lagen seit 1855 Teile des Königlich Bayerischen 5. Infanterie-Regiments „Großherzog Ernst Ludwig von Hessen", von 1872 bis 1885 wurden dort auch Teile des Königlich Bayerischen 1. Ulanen-Regiments „Kaiser Wilhelm II., König von Preußen" einquartiert.

Im Februar 1876 brach im südlichen Flügel des Klosterkomplexes ein Brand aus, der Teile der Kaserne vollständig verwüstete. Die Konventsgebäude des Klosters wurden daraufhin abgebrochen und nicht mehr erneuert.

Die Clarissenkaserne war etwa bis 1890 in militärischem Gebrauch, wobei der Neubau der Infanterie-Kasernen an der Pödeldorfer Straße zwischen 1890 und 1893 dann eine weitere Nutzung des Geländes überflüssig machte. 1922/23 mietete die Stadt Bamberg Teile des Kasernengeländes für Theaterzwecke an. 1925 verpachtete das Finanzamt Bamberg dem hiesigen Stadtrat einen Teil des Hofes zur Nutzung als offener Lagerplatz. Nach dem Zweiten Weltkrieg wurde die Kaserne noch einige Jahre als Mietshaus genutzt, 1955/56 schließlich aber doch abgebrochen. An ihrer Stelle steht heute das Flurbereinigungsamt.

Karmelitenkloster

Das Karmelitenkloster ist auf dem mittleren Kaulberg im südwestlichen Teil der Stadt gelegen. Es grenzt östlich an die Mittlere Kaulbergstraße und an die nördlich verlaufende Zufahrtsstraße zur Altenburg an. Der Klosterkomplex bildet auch heute noch ein regelmäßiges Viereck, an das auf der Ostseite ein zusätzlicher Flügel angebaut wurde.

1554 löste man das damalige Zisterzienserinnenkloster auf und wandelte es in das Benediktinerinnenkloster St. Theodor um. 1589 bezogen schließlich die Karmeliten diesen Bau. Um 1700 wurden verschiedene Umbauarbeiten vorgenommen, 1707 die neue Kirche geweiht.

Im Zuge der Säkularisation von 1803 wurde auch das Karmelitenkloster aufgelöst und sein Inventar sowie seine Besitzungen von der kurfürstlichen Versteigerungskommission veräußert. Teile der Gebäude wurden nun zu einem Militärlazarett umgestaltet, im Juni 1816 brachte man in den Räumlichkeiten ein russisches Krankenlager unter. Die Kirche war bis mindestens 1819 ein Heumagazin, später wurde sie als städtisches Feuerlöschdepot benutzt. Das Karmelitenkloster diente häufig Landwehreinheiten als Unterkunft, ab 1855 waren in dem Komplex zwei Kompanien des 5. Infanterie-Regiments kaserniert. Außerdem befand sich dort auch die bereits erwähnte Winter-Badeanstalt für die Militärangehörigen des Standortes.

Mit dem Neubau der Neuen Infanteriekasernen 1890 bis 1893 am nordöstlichen Ende der Stadt verlor auch die völlig veraltete Karmelitenkaserne an Bedeutung; sie wurde schließlich im Jahre 1902 an die „beschuhten Karmeliten" von Straubing verkauft. Seitdem dient das Kloster dem Orden als Wohnung und Arbeitsstätte.

Dominikanerkloster

Das ehemalige Dominikanerkloster liegt zwischen dem westlichen Ufer des linken Regnitzarms und der früheren Staatsstraße (heutige Sandstraße), die nach Schweinfurt führte.

Der Orden der Prediger gründete in der ersten Hälfte des 14. Jahrhunderts das Kloster. Während der Schönbornzeit im 18. Jahrhundert wurde der Komplex fast völlig neu gestaltet.

Der Einmarsch bayerischer Truppen in das Hochstift Bamberg am 6. September 1802 und die darauffolgende Niederlegung aller weltlichen Ämter des Fürstbischofs Christoph Franz Freiherr von Busek am 29. November 1802 führte schließlich im Februar 1803 zur Auflösung des Domkapitels. Durch den wenige Tage später erfolgten Reichsdeputationshauptschluß wurde u. a. auch das Dominikanerkloster der Prediger aufgehoben. Bereits im Juli 1803 befahl die Kurfürstliche Landesdirektion, daß bestimmte Räume des Klosters freigemacht werden sollten, um in diese Militär einzuquartieren. Schon wenige Wochen später rückte eine Abteilung Dragoner in die bereitgestellten Unterkünfte ein. Am 20. April 1804 ging das Dominikanerkloster vollständig in den Besitz des Militärs über.

In der Folge verwandelte man das Kloster (um 1810) in ein Lazarett für die französische Armee. 1813, während der Befreiungskriege, diente es als Feldartillerie-Hauptdepot für das österreichische Heer.

Im Dezember 1842 wurde die bis dahin als Mauthalle genutzte Dominikanerkirche vom Hauptzollamt Bamberg an die Königliche Kommandantur zurückgegeben. Seitdem fungierte sie als Militärmagazin des Militärkrankenhauses und als Kaserne für das 3. Jäger-Bataillon.

Im November 1843 regten die beiden Religionslehrer Schöpf und Zapf beim Erzbischöflichen Ordinariat an, die Dominikanerkirche als Garnisons- und Studienkirche für die Bamberger Studenten zu nutzen. Dieses Anliegen wurde im Februar 1844 vom Magistrat jedoch ab-

gelehnt, wobei vor allem der fehlende Aufmarschplatz vor der Kirche sowie die ungünstige Lage als Hauptgründe für den abschlägigen Bescheid genannt wurden. Da außerdem zur gleichen Zeit die Untere Brücke nicht begehbar war und ein Erreichen der Dominikanerkirche nur über die Obere Brücke möglich gewesen wäre, fürchtete man, daß eine verstärkte Inanspruchnahme dieser Route den Brückenbau in seiner Statik zu sehr belasten würde. Die Angelegenheit wurde im Dezember 1846 nochmals aufgegriffen, als bekannt wurde, daß das 3. Jäger-Bataillon im Frühjahr 1847 verlegt werden solle. Nach verschiedenen Eingaben scheiterte die Wiederverwendung der Kirche am Königlichen Generalkommando, welches eine Rückgabe endgültig ablehnte.

Im Juli 1855 rückten das I. und das II. Bataillon des 5. Infanterie-Regiments in die Stadt ein und bezogen zu Teilen im Dominikanerkloster Quartier.

In den siebziger Jahren wurde in der Dominikanerkaserne im zweiten Obergeschoß des Neubaus die Offiziersspeiseanstalt eröffnet. Sie bestand u. a. aus einem zur Dominikanergasse gelegenen großen Speisesaal, einem Bibliothekszimmer und einer Küche. In der Kaserne waren um 1890 zweieinhalb Kompanien des 5. Infanterie-Regiments stationiert, außerdem lagerte dort die Bekleidung und Ausrüstung für das Bayerische Reserve Infanterie-Regiment Nr. 4, eine Kriegsformation, die im Mobilmachungsplan mit Regimentsstab, sowie I. und II. Bataillon vom 5. Infanterie-Regiment Bamberg und III. und IV. Bataillon vom 9. Infanterie-Regiment Würzburg aufzustellen war.

1914 beabsichtigte Bambergs Oberbürgermeister Adolf Wächter, die Dominikanerkaserne zu kaufen, um sie als Studienkirche zu verwenden. Ein möglicher Abschluß der Verhandlungen wurde jedoch durch den Ausbruch des Ersten Weltkrieges verhindert.

1919/20 wurde vom Erzbischöflichen Ordinariat und durch Weihbischof Adam Sänger ein weiterer Versuch unternommen, die Kirche zu erwerben. Auf eine diesbezügliche Anfrage hin teilte das Bayerische Staatsministerium jedoch im Februar 1921 mit, daß die Kirche noch von der Reichswehr benötigt werde. Nur zwei Jahre später gab sie dann die Reichsschatzverwaltung an den Bayerischen Staat ab. Dieser beschloß, daß sie als Studienkirche der Bamberger Höheren Schulen Verwendung finden sollte. Aufgrund der Inflation erfolgten die dafür notwendigen Ausbesserungsarbeiten erst 1924. Ein Angebot des Finanzamtes Bamberg an die Stadt bezüglich eines Verkaufs des gesamten Klosterkomplexes wurde 1935 abgelehnt.

Nach Ende des Zweiten Weltkriegs überließ der Freistaat Bayern im Juli 1947 die Kirche mit Sakristei und Kreuzgang dem Erzbistum Bamberg gegen eine jährliche Zahlung von 2500 Reichsmark für 25 Jahre als Kulturraum. 1961 wurde die Empore umgebaut, 1963 erfolgte der Einbau einer Warmluftheizung und 1967/68 wurde der Kreuzgang in seiner alten

Pracht wiederhergestellt. Die Kirche diente der Stadt Bamberg bis vor kurzem als Kulturraum für Konzerte u. a.

Heilig-Grab-Kloster

Das Kloster lag am nord-östlichen Ende der Stadt zwischen Heiliggrabstraße und Spiegelgraben. Im Dreißigjährigen Krieg benutzten die Schweden den Bau als Brückenkopf auf dem jenseitigen Ufer des Hauptflußarmes und versetzten ihn durch das Graben von Schanzen, Ausbrechen von Schießscharten und der Errichtung zweier Eckbastionen in Verteidigungszustand.

Mit Beginn der Säkularisation wurde auch das Klostervermögen der dort ansässigen Dominikanerinnen in einem Dekret vom 23. Juni 1803 beschlagnahmt. Den Schwestern gewährte man zwar noch ein vorläufiges Bleiberecht, das aber im März 1806 endgültig auslief.

1812 wurde das Heilig-Grab-Kloster kurzzeitig als Militärhospital genutzt, 1813 diente es, wie das Dominikanerkloster, den Österreichern als Feldartilleriedepot. Bis 1874 nutzte man den Klosterkomplex als Kavalleriekaserne, von 1872 bis 1874 lagen dort Teile des 1. Ulanen-Regiments.

Im Sommer 1874 wurde das Hauptgebäude eingerissen und an dessen Stelle ein neues Garnisonslazarett errichtet. Die Kirche fand weiterhin als das Ausrüstungs- und Bekleidungsmagazin des 1. Ulanen-Regiments Verwendung. Das Lazarett war bis 1920 belegt, 1926 erfolgte die Wiederbesiedlung des Klosters durch Dominikanerinnen, welche vorerst im ehemaligen Beichtvaterhaus einzogen.

Der Lazarettbau diente bis vor wenigen Jahren der Bamberger Polizei als Dienstgebäude.

Kapuzinerkloster

Dieses Kloster lag an der gleichnamigen Straße auf dem Gelände des heutigen Clavius-Gymnasiums. Kirche und Kloster wurden 1654 geweiht.

Die Säkularisation machte indes auch vor den Kapuzinern nicht Halt. Im Februar 1803 begann der ehemalige fürstbischöfliche Hofkammerrat Franz Adolf Schneidawind mit einer Bestandsaufnahme des Klosterinventars. Danach bewohnten 21 Priester und 11 Laienbrüder das Kloster, zu welchem „die Kirche, das Klostergebäude, ein Nebenbau, ein Bräuhaus mit Hallen, ein Gemüsegarten von 49 560 Quadratschuh Größe, ein anstoßender Nebengarten von 5808 und ein Blumengarten von 6364 Quadratschuh Größe gehörte". Eine endgültige Auflösung der Klostergemeinschaft erfolgte jedoch noch nicht.

Am 29. September 1806 befahl die französische Armee die sofortige Räumung des Franziskanerklosters an der Schranne, um dort u. a. Futtermittel, Getreide sowie Invaliden unterzubringen. Die 18 Franziskanerbrüder wurden daraufhin in das Kapuzinerkloster überstellt.

Bezüglich der Weiterverwendung des Klosterkomplexes wurden in der Folge vielfältige Überlegungen angestellt. An dieser Stelle seien nur die wichtigsten aufgeführt: 1836 beschloß die Stadt, das Gelände zu erwerben, um dort einen Freihafen für die Regnitz-Main-Schiffahrt zu errichten, was jedoch nicht in die Tat umgesetzt wurde. 1848 wurde das Kloster kurzzeitig als Kaserne benutzt, seit 1851 diente es der Stadt als Armenbeschäftigungsanstalt. 1858/59 wurde die Kirche restauriert und als Anstaltskirche der technischen Lehranstalten verwendet, deren feierliche Einweihung am 9. September 1859 unter Beteiligung von Musikern des 5. Infanterie-Regiments vollzogen wurde.

Im Dezember 1871 zerstörte ein Brand Teile der städtischen Gemeindeschule. Da ein Wiederaufbau des Gebäudes wegen des gestiegenen Raumbedarfs der 550 Schüler nicht in Frage kam, wurde von dem Gemeindebevollmächtigten das Gebiet des ehemaligen Kapuzinerklosters als Platz für einen Neubau vorgeschlagen. 1878 erfolgte dann auch der Abbruch der Klosterbauten und der Nachfolgebau des alten Realschulgebäudes. Der ehemalige Klostergarten wurde nun als Schulhof und Übungsplatz für die Freiwillige Feuerwehr genutzt.

Franziskanerkloster

Das Kloster an der Schranne wurde im Jahre 1313 von Angehörigen des aufgehobenen Templerordens an die Franziskaner übergeben. 1374 erweiterte man die Kirche, 1719 wurde der neue Klosterbau geweiht.

Die Auswirkungen der Säkularisation betrafen auch das Franziskanerkloster in Bamberg, das, wie alle anderen Bamberger Klöster, verschiedene Ermittlungen und Erfassungen über sich ergehen lassen mußte. Hofkammerrat Franz Adolf von Schneidawind machte am 14. September 1804 den Vorschlag, das Bamberger Franziskanerkloster nach dessen Räumung als Sitz der Polizeidirektion, als Quartier des Polizeisoldatenkorps oder als Arbeits- und Speiseanstalt für Arme zu verwenden. Diese Anregungen sollten erst später wieder aufgegriffen werden. Zunächst schien es noch so, als ob die Klostergemeinschaft der Franziskaner weiterbestehen könnte.

Die politischen Ereignisse des Jahres 1806 führten dann jedoch zur endgültigen Auflösung des Konvents. Auf die Ratifizierung der Rheinbundakte durch 16 deutsche Fürsten am 25. Juli 1806 folgte rasch die Niederlegung der Kaiserwürde des Heiligen Römischen Reiches Deutscher Nation durch Kaiser Franz II. von Österreich. Ein Ultimatum Preußens vom September 1806, in dem der Rückzug sämtlicher französischer Truppen aus Deutschland gefordert wurde, ließ Napoleon unbeantwortet. Anfang Oktober rückte die französische Armee bereits durch den Thüringer Wald in Richtung Norden vor und vernichtete am 14. Oktober in der Doppelschlacht von Jena und Auerstedt die Masse des preußischen Heeres.

Die nach dem preußischen Ultimatum einsetzenden starken französischen Truppenbewegungen in Franken führten in Bamberg zu Einquartierungen, von denen auch das Franziskanerkloster nicht verschont blieb. Am 29. September 1806 verlangte die französische Intendantur die sofortige Räumung von Konventskirche und -gebäude, um in diesen Ausrüstungsgegenstände zu lagern und Invaliden unterzubringen, die aus Düsseldorf herangebracht wurden. Die noch verbliebenen 16 Franziskaner mußten nun in das Kapuzinerkloster auf der anderen Regnitzseite übersiedeln.

Bereits wenige Jahre später, im Jahre 1809, wurde das nicht mehr benötigte Kloster dem Armeninstitut überlassen. Schäden im Inneren des Konventsgebäudes und der Kirche führten bei der Königlichen Finanzdirektion jedoch im Jahre 1810 zu Überlegungen, Teile der Konventskirche abreißen zu lassen und die übrigen Teile des Klosters nach Aus- und Umbauarbeiten als Sitz verschiedener Behörden der Stadt zu nutzen. So wurden 1879 in den Gebäuden das Amtsgericht I und das Landgericht Bamberg sowie 1903 eine Gendarmeriestation und eine Postfiliale untergebracht.

Benediktinerkloster Michaelsberg

Das Benediktinerkloster auf dem Michaelsberg wurde bereits um 1015 gegründet. Ab 1697 wurde es barockisiert, im Jahre 1803 aufgehoben. Seitdem wurden Teile des Klosters als Altenheim, Bürgerspital und Brauerei verwendet. Im März 1804 wurden Überlegungen angestellt, das Kloster als „prächtige" Kaserne für ein komplettes Infanterie-Regiment zu nutzen. Laut Hörmann-Bericht vom 7. März 1852 zum Ausbau Bambergs zur Festung sollten die Kirche als Magazin und die Türme als Telegraphenstation genutzt werden.

Resümee

Vergleicht man abschließend die ehemaligen Klöster und ihre militärische Belegung miteinander, so fällt auf, daß von den genannten Baulichkeiten lediglich das Clarissen-, Karmeliten-, Dominikaner- und Heilig-Grab-Kloster im 19. Jahrhundert durchgehend militärisch genutzt wurden. Das Dominikaner- und Karmelitenkloster waren dabei fast ausschließlich mit Infanterieeinheiten, das Clarissen- und Heilig-Grab-Kloster dagegen hauptsächlich mit Kavallerie belegt worden. Daß es dabei u. a. beim Clarissenkloster zu einer gemeinsamen Einquartierung von Kavallerie und Infanterie kam, lag daran, daß das räumliche Angebot militärischer Unterkünfte, besonders nach der Verlegung des 1. Ulanen-Regiments nach Bamberg im Jahre 1872, stark begrenzt war und man daher den vorhandenen Raum optimal auszunutzen suchte.

Die Verteilung der Regimenter auf die ehemaligen Klöster wurde in der Weise vorgenommen, daß man der Kavallerie vorzugsweise die am Stadtrand gelegenen Bauten zuwies. Diese Überlegung war zum einen dadurch bestimmt, daß das Übungsgelände am Hauptsmoorwald von der Reiterei besser und schneller zu erreichen war. Zum anderen waren die Einrichtungen und das Umfeld der Clarissen- und der Heilig-Grab-Kaserne noch eher für die Aufnahme berittener Einheiten geeignet als die übrigen Klöster der Stadt. Clarissen- und Heilig-Grab-Kaserne waren nicht unmittelbar in das Stadtbild integriert, wie dies bei Dominikaner- und Karmelitenkaserne der Fall war. Auch verfügten diese beiden ehemaligen Klöster nicht über die notwendigen Einrichtungen und besonders den Platz, um größere berittene Verbände aufzunehmen. Sie blieben bis zur Verlegung der Soldaten in die neugebauten Kasernen am Stadtrand (um 1890) ausschließlich mit Infanterie besetzt.

Bau und Nutzung der übrigen Kasernenbauten Bambergs im 19. und 20. Jahrhundert

Langgasskaserne

Die Langgasskaserne lag auf der Ostseite der eigentlichen Stadt. Nördlich verlief die Lange Straße, östlich die Hainstraße und südlich stieß der Komplex an den Harmoniegarten an.

Dieses Grundstück gehörte 1616 dem fürstbischöflichen Kanzler Dr. Georg Haan. Nach dessen Verurteilung wegen Hexerei und Verbrennung auf dem Scheiterhaufen wurde das Gut von Fürstbischof Johann Georg II. Fuchs von Dornheim konfisziert. Bald danach überließ er den Besitz der Schützengesellschaft im Tausch gegen deren Schießstände hinter der Mauer, um dort ein Hexengefängnis errichten zu lassen.

Nach der Neuregelung der „Reichshilfepflicht" von 1681 und der damit verbundenen Festlegung der Truppenstärken, welche die Reichsstände der Reichsarmee zu stellen hatten, mußte man nun auch in Bamberg Vorsorge für die Unterbringung der neu auszuhebenden Verbände treffen.

Fürstbischof Lothar Franz Graf von Schönborn begann im Jahr 1700 nach Plänen des Hofbaumeisters Johann Leonhard Dientzenhofer auf dem Grundstück 145 mit dem Bau der „Langgasser Kaserne". Schon 1707 war diese bezugsbereit. Ein 1834 erschienener „Führer durch Bamberg und Umgebung" beschreibt die Kaserne als ein großes, zweistöckiges Gebäude in der Form eines Quadrats. Im Inneren befand sich ein großer Hof. Die daran angrenzenden Gebäude enthielten Soldatenwohnungen sowie die Geschäftszimmer und Stallungen. Diese ehemaligen Stallungen, die sich in den nach Westen und Süden liegenden Gebäuden befanden, wurden um 1880 von der Infanterie u. a. als Exerzierhallen und Remise verwendet.

Die Langgasskaserne diente seit ihrer Erbauung militärischen Zwecken, abwechselnd für Infanterie und Kavallerie. Sie war jedoch schon zu Beginn des 19. Jahrhunderts veraltet. So beschrieb die bayerische Zivilverwaltung die Langgasskaserne bereits 1803 als zu klein und zu „heruntergekommen".

Um 1812 wurde die Kaserne als französisches Militärhospital genutzt. Ab September 1855 lagen Teile der 2. Schützen-Kompanie des 5. Infanterie-Regiments in der Langgasskaserne in Garnison, zwischen 1872 und 1885 wurde das Areal auch von Teilen des Königlich Bayerischen 1. Ulanen-Regiments genutzt.

In der Langgasskaserne befand sich für die Unterführer des ganzen Bataillons eine eigene Speiseanstalt, in der sich die Unteroffiziere der Langgass- und der Clarissenkaserne täglich um 12 Uhr mittags zum Essen versammelten.

Die Kasernenanlage wurde schließlich nach dem Bau der Neuen Infanterie-Kasernen 1892/93 von militärischer Seite nicht mehr benötigt und daraufhin an die Stadt verkauft, die den Komplex abreißen ließ und das Kasernengelände an die Königlich Bayerische Hauptbank veräußerte. Diese eröffnete am 1. Dezember 1896 eine Filialbank, die 1922 in die Bayerische Staatsbank überging. Heute hat in diesem Gebäude die Bayerische Hypovereinsbank ihren Sitz.

Koppenhofkaserne

Die Kaserne liegt am ehemaligen östlichen Stadtrand auf dem Gebiet der Wunderburg an der früheren Staatsstraße nach Nürnberg (heutige Nürnberger Straße). Der Gesamtkomplex hat die Gestalt eines unregelmäßigen Siebenecks. Die Koppenhofkaserne bestand aus einem Hauptgebäude, drei Ställen, der Beschlagschmiede, einer Holzremise, dem Arrestlokal und einem Reithaus. Der Koppenhofkomplex wurde 1823 als Kavalleriekaserne erbaut und 1838/39 für die Aufnahme von drei Eskadronen erweitert. Ihr endgültiges Aussehen erhielt die Kaserne in den Jahren 1861/62.

Im Krieg von 1866 dienten die Gebäude als Lazarett und Feldspital, 1870/71 waren in ihnen 700 französische Kriegsgefangene untergebracht. Ab 1872 lagen dort zwei Eskadronen des 1. Ulanen-Regiments in Garnison.

Parallel zu den Kasernenbauten wurden in der Strullendorfer Straße ein Exerzierplatz und 1884/85 ein Garnisonsschießplatz angelegt. Diesen nutzten zunächst beide Waffengattungen, d. h. Infanterie und Kavallerie, nach Fertigstellung des Breitenauplatzes nur noch die Kavallerie.

Mit Beginn des Ersten Weltkriegs blieben in der Koppenhofkaserne lediglich einige wenige militärische Dienststellen zurück. Nach dessen Ende wurden Anfang Mai 1919 Teile des Reichswehr-Infanterie-Regiments 23, das aus Gruppen des – im Februar nach Bamberg zurückgekehrten – 1. Ulanen-Regiments und verschiedenen Chevaulegers-Regimentern aufgestellt worden war, in die Koppenhofkaserne verlegt. Infolge der Reduzierung der Heeresstärke auf 100 000 Mann, die im Versailler Vertrag für Deutschland festgesetzt worden war, wurden die bayerischen Kavallerie-Regimenter zum Reiter-Regiment 17 zusammengefaßt, das seit dem 11. Mai 1920 die Tradition der vormaligen zwölf Regimenter weiterführte. Der Regimentsstab mit dem Trompeterkorps, die 1. Eskadron, welche die Tradition des 1. Ulanen- und 4. Chevaulegers-Regiments pflegte, sowie die 5. Eskadron blieben dabei in Bamberg stationiert. Die übrigen Teile des Regiments verlegte man auf die Standorte Ansbach und Straubing.

Die militärische Nutzung der Koppenhofkaserne endete mit der Kapitulation der deutschen Wehrmacht im Mai 1945. Der Kasernenkomplex wurde umgebaut, um die vielen Flüchtlinge aus dem Osten, die sich bei Kriegsende in der Stadt befanden, aufzunehmen. So entstanden in den ehemaligen Kasernenbauten u. a. eine Bäckerei, ein Kolonialwarenladen, ein Milchgeschäft sowie eine Hutfabrik, die 1951 bereits 120 Menschen beschäftigte. Dort lebten zum selben Zeitpunkt bereits über 500 Heimatvertriebene. Auch heute ist ein Großteil des ehemaligen Hauptgebäudes noch an Privatpersonen vermietet.

Holzhofkasernen I und II

Der Kasernenkomplex liegt direkt neben der Koppenhofkaserne in der südlichen Verlängerung der Nürnberger Straße. Die Kaserne wurde 1883 als Unterkunft für die Kavallerie erbaut und 1887 zur Aufnahme einer weiteren Eskadron erweitert. Seit 1885 lagen im Holzhof I die 3. und 5. Eskadron des 1. Ulanen-Regiments, außerdem befanden sich dort die Offiziersspeiseanstalt, die Geschäftszimmer des Regiments, das Kantinenmagazin sowie die veterinärärztliche Apotheke.

Nach der Fertigstellung der Holzhof-II-Kaserne 1887 wurde die in Neustadt an der Aisch liegende 4. Eskadron des Regiments in dieser untergebracht. Dazu kamen noch die Büchsenmacherei und zwei Revierkrankenzimmer. 1890 erfolgte die Fertigstellung der gedeckten Reitbahn im Holzhof II.

Zwischen den beiden Weltkriegen wurde der Holzhofkomplex in gleicher Weise wie die Koppenhofkaserne genutzt. Nach dem Zweiten Weltkrieg entstanden dort eine Nahrungsmittelfabrik, eine Metallgießerei und eine Auflackiererei, eine Wagnerei, eine Schreinerei, eine Konsumgenossenschaft, eine Handweberei, eine Fahrradhandlung und in den ehemaligen Stallungen eine Bade- und Waschanstalt.

Neue Infanterie-Kasernen

Der Komplex liegt zwischen der Pödeldorfer- und Zollnerstraße, in Höhe der Weißenburger Straße. Die Kaserne wurde zwischen 1890 und 1893 erstellt und 1912/13 erweitert. Mit ihrem Bau war es endlich möglich geworden, das auf verschiedene Kasernen der Stadt verteilte 5. Infanterie-Regiment mit seinen vier Bataillonen an einem Standort zusammenzufassen. Bis zur endgültigen Fertigstellung des Komplexes lagen dort zehn Kompanien des Regiments; zwei weitere Kompanien, die noch in der Dominikaner- bzw. in der Clarissenkaserne stationiert waren, wurden später in dieser neuen Kaserne mit untergebracht.

Nach Ende des Ersten Weltkriegs waren dort eine Maschinengewehrabteilung sowie zwei Hundertschaften der Landespolizei einquartiert. Dazu kamen bis 1934 zwei Schwadronen des Reiter-Regiments 17. In Erinnerung an das Gefecht der Bayerischen Ulanen bei Lagarde am 11. August 1914 erhielt die Kaserne den Ehrennamen „Lagarde-Kaserne“.

„Panzerkasernen“

1935 begann man an der verlängerten Zollnerstraße mit dem Bau zweier großer Kasernen, die 1936/37 vollendet und mit Panzern und Artillerie belegt wurden. Von der äußeren Zollnerstraße gesehen erstreckten sich rechts die Bauten für die Unterbringung der Mannschaften und Fahrzeuge des Panzerregiments, links der Straße die Gebäude der Artillerie-Abteilung. Vor dem Stabsgebäude befand sich ein großes rechteckiges Feld für Aufmärsche und Paraden. Die Mannschaftsunterkünfte waren für je sechs Personen ausgelegt.

Am 6. Oktober 1936 rückte das Panzerregiment 3 aus Kamenz zusammen mit der 2. Abteilung des Artillerie-Regiments 74 aus Erfurt in die neue Kaserne ein. Nach dem „Anschluß“ Österreichs im Jahre 1938 wurde das Panzerregiment 3 nach Mödling verlegt. An seiner Stelle stellte man das Panzerregiment 35 aus Teilen der Panzerregimenter 1, 2, 7 und 25 sowie der Panzerjäger-Abteilungen 5, 9 und 25 auf und quartierte es ab November 1938 in Bamberg ein. Während des Zweiten Weltkriegs blieb Bamberg Standort der Panzer-Ersatz-Abteilung 35.

Nach Kriegsende wurden in den Panzerkasernen Teile der 4. US-Panzerdivision und das 26. Infanterie-Regiment der amerikanischen Armee untergebracht. 1972 war in den Unterkünften eine Abteilung des 2. US-Kavallerie-Regiments stationiert. Vor dem Hauptgebäude an der Zollnerstraße erinnert heute ein Gedenkstein an die Gefallenen des Panzerregiments 35.

Weitere militärische Einrichtungen in Bamberg

Exerzierplatz (groß)

Er lag an der Strullendorfer- und Geisfelder Straße und wurde bis zur Fertigstellung des Breitenau-Exerzierplatzes gemeinsam von Kavallerie und Infanterie genutzt. Ab 1890 diente er nur noch der Kavallerie als Exerziergelände. Das Gebiet war seit 1865 im Besitz der Militärbehörden. In unmittelbarer Nähe befand sich zudem ein weiteres größeres Areal, das als Schießplatz für die Bamberger Garnison diente.

Exerzierplatz (klein)

Dieses Areal befand sich auf dem Gelände des heutigen Justizgebäudes am Wilhelmsplatz und wurde von den Häusern der Urban-, Amalien- und Schützenstraße flankiert. Der Exerzierplatz besaß Rondellform mit einer doppelten Pappelallee und diente der Kavallerie als Reitschule. Der innere Platz wurde von beiden Waffengattungen zum Exerzieren genutzt und war von 1803 bis 1900 in Gebrauch.

Exerzierplatz an der Breitenau

Die Anlage und Adaptierung dieses Übungsgeländes erfolgte in den Jahren 1889/90. Der Breitenau-Exerzierplatz wurde ausschließlich für die Infanterie geplant, von deren Kasernen an der Pödeldorfer- und Zollnerstraße aus er schnell zu erreichen war. Heute befinden sich auf diesem Gelände Teile der Siedlung Lichteneiche sowie der Flugplatz, der während des Ersten Weltkriegs für die Kriegsfliegerschule Bamberg errichtet worden war.

Altes Militärspital

Das alte Militärspital lag im Zinkenwörth (Hausnummer 22) und wurde im Jahre 1792 für die Stadtpolizei erbaut. Bereits um 1800 wandelte man das Gebäude in ein Militärlazarett um. Zu Beginn des 20. Jahrhunderts fungierte das Haus als „Armenbeschäftigungsanstalt".

Jagd- und Hundshaus

Das Gebäude liegt an der Kreuzung Siechenstraße/Magazinstraße und wurde 1738/39 nach Plänen Dientzenhofers errichtet. Den in Bamberg stationierten Soldaten der Kavallerie diente es von 1821 bis 1901 als Kavallerie-Reitschule, von 1901 bis 1918 wurde es als Militärmagazin genutzt. Im Volksmund wird der in den achtziger Jahren renovierte Barockbau auch „Siechenscheune" genannt.

Alte Hauptwache

Das im Stil des Frühklassizismus gehaltene Gebäude wurde 1774 erstellt und befindet sich an der Hauptwachstraße. Der Bau wurde im 18. und 19. Jahrhundert von Infanterie bezogen, die dort allabendlich den Zapfenstreich schlug und blies. Bei Abwesenheit des Militärs wurde das Gebäude von der Landwehr genutzt. Bis vor wenigen Jahren befand sich dort u. a. das städtische Fremdenverkehrsamt.

Klepperstall

Das einstöckige Stallgebäude lag in der Unteren Sandstraße neben der ehemaligen Brauerei „Zum Mondschein". Dort waren einst die Ablösungspferde der Post, die sogenannten „Relais-Pferde", untergebracht. In den Jahren von 1830 bis 1850 benützten die in Bamberg stationierten Chevaulegers-Regimenter die Stallungen, vor allem das 6. Chevaulegers-Regiment. Bis 1886 standen dort die Pferde der berittenen Gendarmerie; im selben Jahr wurde der Stall bei der Erbauung der Markusbrücke abgerissen.

Abschließende Betrachtung

Sichtet man die Liste der einzelnen Regimenter, die im 19. Jahrhundert in der Regnitzstadt Bamberg in Garnison lagen, fällt auf, daß der kavalleristische Anteil dabei vergleichsweise hoch gewesen ist. In der Stadt war von 1802 an durchgehend mindestens ein Kavallerie-Regiment stationiert, 1848 kam mit dem Kommando der 4. bayerischen Kavalleriebrigade der erste höhere Stab nach Bamberg. Ein Grund dafür ist sicher in den hervorragenden Ausreitmöglichkeiten für die Pferde zu sehen, denen der sandige Untergrund des Hauptsmoorwaldes sehr entgegenkam. Bamberg ist im 19. und 20. Jahrhundert deshalb hauptsächlich als „Reiterstadt" bekannt geworden, was vor allem auch auf die durchgehende Belegung mit Teilen von mindestens einem Reiter-Regiment zurückzuführen ist. Obwohl die Infanterie in der Stadt zahlenmäßig den Kavalleristen ebenbürtig war, blieb aber bis zum heutigen Tage besonders die Erinnerung an die Kaiser-Ulanen und das ihnen nachfolgende Reiterregiment 17 stark im Gedächtnis der Bamberger Bürger haften.

Die (heute nicht mehr existierende) Langgasskaserne, vom Schönleinsplatz aus gesehen (um 1885). Sie diente ab 1855 Teilen des 5. Infanterie-Regiments sowie zwischen 1872 und 1885 auch den Bamberger Ulanen als Unterkunft.

Angehörige des 5. Infanterie-Regiments beim Marsch durch die Sophienstraße 1891. Das Regiment verblieb bis 1919 in der Bamberger Garnison. Auf dem Photo gut erkennbar die „Pickelhaube", die 1886 den Raupenhelm als Kopfbedeckung der bayerischen Infanterie ersetzte. Uniform und Ausrüstung glichen der der preußischen Truppen, jedoch waren Waffenrock und Hose in einem helleren Blau gehalten.

Musikkorps des 5. Infanterie-Regiments in Bamberg auf dem Gelände des großen Exerzierplatzes an der Geisfelder Straße, um 1910.

Französische Kriegsgefangene auf dem Areal der Koppenhofkaserne 1871. Im Verlauf des deutsch-französischen Krieges von 1870/71 beherbergte Bamberg, wie andere deutsche Städte auch, französische Kriegsgefangene. Ab 1872 wurden auf dem Kasernengelände zwei Eskadronen des 1. Ulanen-Regiments untergebracht.

Ansicht der Koppenhofkaserne. Ulanen bei Übungen mit der Lanze, 1911. Noch im Ersten Weltkrieg führten alle Ulanenregimenter die Lanze als charakteristische Angriffswaffe. Ihre Abschaffung erfolgte erst im Jahr 1927.

Ulanen bei der Pferdepflege in den Stallungen der Holzhofkaserne, um 1901.

Blick auf die Holzhofkaserne I, um 1880. Links eine Eskadron des 1. Ulanen-Regiments auf dem Marsch durch die Nürnberger Straße.

Die Ulanen waren eine reine Reitertruppe und zählten in Bayern zur schweren Kavallerie. Ihr Ursprung lag im tatarischen Bereich. Über Polen gelangten Ulanen-Regimenter schließlich in beinahe alle europäischen Heere.

Ihr besonderes Charakteristikum bestand im Mitführen einer Lanze, dem besonders geschnittenen Waffenrock (Ulanka) sowie in der eigentümlichen „Tschapka", einem Lederhelm mit Haarbusch, der mit einem aufgesetzten Deckel versehen war. Rock und Hose der bayerischen Ulanen bestanden aus stahlgrünem Tuch mit roten Aufschlägen.

Ausritt einer Eskadron des 1. Ulanen-Regiments zu einer Felddienstübung 1911. Gut erkennbar sind hier die Lanzenwimpel, die für Mannschaften in weiß-blau gehalten waren und bei Unteroffiziersdienstgraden den bayerischen Löwen zeigten. Ab 1889/90 wurden bei den Ulanen verbesserte Lanzen aus Stahlrohr eingeführt.

Eskadron des 1. Ulanen-Regiments auf dem Übungsplatz in der Holzhofkaserne an der Nürnberger Straße, um 1900.

Bamberger Ulanen auf dem Kavallerie-Exerzierplatz 1911.

Auch bei kirchlichen Zeremonien war das Bamberger Militär gerne gesehen. Kirchenparade der Ulanen 1911. Marsch vom Domberg in die Innenstadt.

Oberst Hermann Freiherr von Gebsattel und sein Sohn Franz. Kaiser Wilhelm II., Inhaber des Bamberger Ulanen-Regiments, nannte dieses öfter „Mein Regiment Gebsattel", da dort 1891 sechs Brüder sowie verschiedene Neffen dieses seit 1161 bezeugten fränkischen Adelsgeschlechts Dienst taten.

Musikmeister der Ulanen, Peter Betz, 1906. Deutlich sichtbar sind die für Musiker vorgeschriebenen „Schwalbennester" unterhalb der Schulterstücke.

Sie entstanden aus den – z. B. bei der bayerischen Armee bis 1873 verbreiteten – „Achselwülsten", welche ursprünglich das Herabgleiten der Ledergurte für die Ausrüstung des Soldaten verhindern sollten. Die Schwalbennester wurden in der späteren deutschen Wehrmacht noch bis 1945 getragen.

Konrad Freiherr von Thüngen in der Uniform des 1. Ulanen-Regiments, 1902. Thüngen war nur einer von zahlreichen Vertretern des fränkischen Adels, die in dem angesehenen Bamberger Regiment Dienst taten.

Verabschiedung der Freiwilligen des 5. Infanterie-Regiments nach China am 14. Juli 1900 auf dem Bamberger Bahnhof. Zur Niederschlagung des sogenannten „Boxeraufstandes" wurde eine internationale Streitmacht unter dem Oberkommando des Generalfeldmarschalls Alfred Graf von Waldersee nach China befohlen. Diesem Expeditionskorps gehörten auch Soldaten aus Bamberg an.

Neben Infanteristen machten sich auch einige Reiter auf den Weg nach China. Überstellung Bamberger Ulanen zum ostasiatischen Expeditionskorps am 16. Juli 1900. Feierliche Verabschiedung von drei Ulanen, zwei Gefreiten und einem Trompeter in Gegenwart des Regiments.

Hohen Besuch durfte die Garnisonsstadt an der Regnitz im Laufe ihrer Geschichte des öfteren beherbergen. Der bayerische Prinzregent Luitpold (Bildmitte) bei einem Bamberg-Aufenthalt am 4. Juli 1898.

Parade vor dem Prinzregenten Luitpold im Hof der Neuen Infanteriekasernen an der Pödeldorfer Straße anläßlich der Grundsteinlegung des Prinzregentendenkmals 1898. Im Vordergrund schreitet der Prinzregent die Front der Krieger- und Veteranenvereine ab. Im Hintergrund rechts eine Ulanen-Abteilung bereit zur Parade, im Bild links die aufgestellte Front des 5. Infanterie-Regiments. Das Gebäude in der Bildmitte beherbergte die Kasernenküche, rechts daneben die oberen Baracken. Ganz im Hintergrund verläuft die Memmelsdorfer Straße.

Parademarsch des 5. Infanterie-Regiments vor dem Prinzregenten im Hof der Neuen Infanteriekasernen, 1898. Links im Bild der Prinzregent sowie Generalmajor Ludwig von Poschinger, links im Hintergrund der Kaserneneckbau an der Pödeldorfer Straße. Hinter den Kasernenbauten in der Bildmitte verläuft die Weißenburger Straße; erkennbar der Kamin der heute nicht mehr existierenden Frankenhofbräu. Im Bild rechts die Unteren Barackenbauten für die Infanterie-Kompanien.

Auch hierfür ließ der Dienst Gelegenheit: Faschingszug der Bamberger Ulanen 1902 in Wild-West-Kostümen.

Als berittene „Indianer" nahmen die Ulanen vor der Holzhofkaserne Stellung.

Und wieder versammelt sich hohe Prominenz in der altehrwürdigen Bischofsstadt: Tauffeierlichkeiten des Prinzen Luitpold am 15. Mai 1901 in Bamberg. Ankunft des Prinzregenten Luitpold, der königlichen Hoheiten Prinz und Prinzessin Ludwig, des Prinzen Karl sowie der Prinzessin Hildegard am Bamberger Bahnhof. Im Bildvordergrund die Ehreneskorte des 1. Ulanen-Regiments unter Führung von Rittmeister Friedrich König.

Besuch des Kronprinzen Wilhelm von Preußen und des Prinzen Rupprecht von Bayern beim 1. Ulanen-Regiment am 18. März 1902. Auf dem Bild erkennbar zahlreiche Repräsentanten des dem Regiment zugehörigen fränkischen Adels. Von links nach rechts 1. Reihe sitzend: Nr. 3 Major a. D. Rudolf Freiherr von Guttenberg; Nr. 4 Major Konrad Freiherr von Thüngen; Nr. 5 Oberst Hugo Bouhler, Kommandeur des Regiments; Nr. 6 Kronprinz Wilhelm; Nr. 7 Prinz Rupprecht; Nr. 10 Rittmeister Eduard Freiherr von Crailsheim. Kronprinz Wilhelm war der Sohn des letzten deutschen Kaisers Wilhelm II., der 1918 abdankte.

Der Kronprinz weilte auch später noch in der Stadt. Manöverbesuch Wilhelms von Preußen und des bayerischen Prinzen Rupprecht am 10. September 1908 in Bamberg.

Doch auch sonst gab es immer wieder Grund zum Feiern: Reiterfest des 1. Ulanen-Regiments auf dem Gelände der Holzhofkaserne, um 1910. Blick auf die geschmückten Kasernengebäude, im Vordergrund Offiziere und Ehrengäste mit Damen.

Am 9. Oktober 1910 besuchte der bayerische Kronprinz Rupprecht in Vertretung seines Großvaters, des Prinzregenten Luitpold, Bamberg, um die Enthüllung des König-Ludwig-Denkmals im Hain vorzunehmen.

Der Kronprinz wurde in einem offenen Wagen, begleitet von einer Eskorte des 1. Ulanen-Regiments, zunächst zum Hain gebracht und nach der Denkmalsenthüllung in die Neue Residenz gefahren, wo ein offizieller Empfang der Stadt gegeben wurde. Wie ein zeitgenössischer Chronist anmerkte, säumten die Bamberger zu Tausenden die Straßen.

Abwechslung in den Garnisonsalltag brachten auch andere Ereignisse: Blick auf den Bamberger Schießplatz. Offizierspreisschießen 1911.

Auch im Juli 1913 weilten die Wittelsbacher in Bamberg. Bei der Parade links zu Pferde: Oberst Eduard Freiherr von Crailsheim, Kommandeur der Bamberger Ulanen, der bayerische Kronprinz Rupprecht sowie General Ludwig Freiherr von Gebsattel. Rechts im Bild mit Zylinder Vertreter der Krieger- und Veteranenvereine.

Noch herrschte tiefster Friede und nichts gemahnte an die furchtbare Katastrophe, die bald über Deutschland und ganz Europa hereinbrechen sollte.

Vorbei die Zeit der Paraden. Der Erste Weltkrieg hat begonnen! Gruppenbild der 2. Eskadron des 1. Ulanen-Regiments im August 1914. Diese Abteilung blieb als Ersatzeskadron unter dem Kommando von Rittmeisters Maximilian Freiherr von Schnurbein in Bamberg zurück, während Truppenkontingente aller deutschen Bundesstaaten an die Fronten in Ost und West ausrückten.

Die Kriegsereignisse der folgenden Jahre tangierten Bamberg, wenn auch nur indirekt, immer wieder. Verpflegung durchfahrender Abteilungen am Bamberger Bahnhof.

Zwischen 1914 und 1918 war Bamberg Anlaufstelle für zahlreiche Verwundetentransporte. Entladen eines Sanitätszuges durch Angehörige des Roten Kreuzes.

Sanitätspersonal und Rotkreuz-Schwestern in Erwartung der Verwundeten.

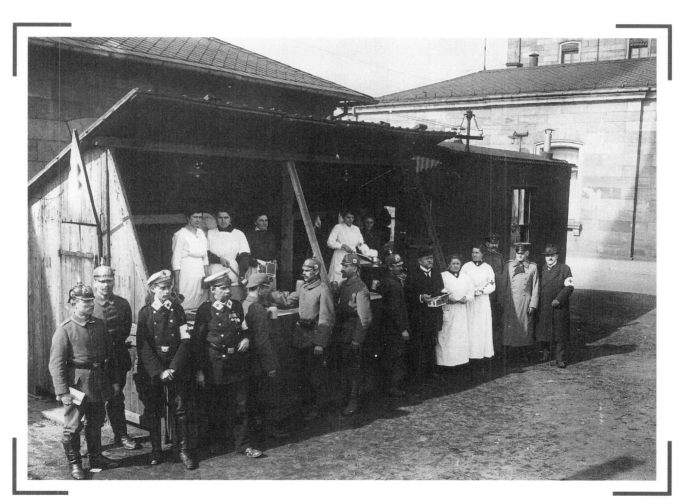

Bahnhof Bamberg. Verteilung verwundeter Frontsoldaten, deren Gesichter von den Schrecken des Krieges gezeichnet sind, auf bereitstehende Rotkreuz-Fahrzeuge.

Anno 1917 nahm auf dem Gelände des Garnisonsexerzierplatzes auf der Breitenau die Kriegsfliegerschule Bamberg ihren Flugbetrieb auf. Sie sollte fliegendes Personal für den Einsatz an den Fronten des Weltkriegs ausbilden.

Auf dem Bild zu sehen: Mannschaften, Unteroffiziere und Offiziere der Fliegerschule 6 auf dem Bamberger Flugfeld, 1918. Die rechts erkennbare Tafel trägt die Aufschrift: „Verein Bamberger Stadtschlaken".

Doch auch das militärische Training in der Heimat forderte seine Opfer. Auszug aus dem „Bamberger Tagblatt" vom 2. sowie vom 11. März 1918: „½ 11 Uhr stürzte am Freitag, dem 1. März, in der Nähe der Flugstation der Fliegerschüler Feldwebel Max Röhrl aus Marktredwitz tödlich ab."

„Samstag nachmittag kamen bei Kramersfeld zwei Flieger, Flugzeugführer Gefreiter Wolfgang Seifert und Unteroffizier Flugschüler Willy Krumm aus Ludwigsstadt mit dem Apparat infolge Versagens des Motors zum tödlichen Absturz. Krumm war Inhaber des E.K. II und des Militärverdienstkreuzes III. Klasse mit Krone und Schwertern."

Wie aus der Abbildung hervorgeht, wurden die Überreste der beiden Unglücksmaschinen für den Photographen eigens unmittelbar nebeneinander positioniert.

Überführung der Leichen zweier der abgestürzten Flieger an die Eisenbahn. Der Leichenzug bewegt sich durch die Ludwigstraße Richtung Bahnhof. Links und rechts der Kutsche geben Flieger (erkennbar an Pilotenhelmen und Brillen) das letzte Geleit.

Verladung der sterblichen Überreste der Flieger Seifert und Krumm auf die Bahn. Auszug aus dem „Bamberger Tagblatt" vom 13. März 1918: „Die Überführung der Leichen der am Samstag verunglückten Flieger in deren Heimat zur Beerdigung fand gestern nachmittag 2 Uhr vom Friedhof zum Bahnhof statt. Offiziere der in Bamberg beheimateten Regimenter und Kameraden gaben dem Leichenwagen das Ehrengeleit und zahlreiche Kränze bekundeten die allerseitige herzliche Teilnahme. Oben in den Lüften gaben sieben Flugzeuge den auf immer scheidenden Kameraden den letzten Ehrensalut mit Fähnchen und Flugaufmarsch."

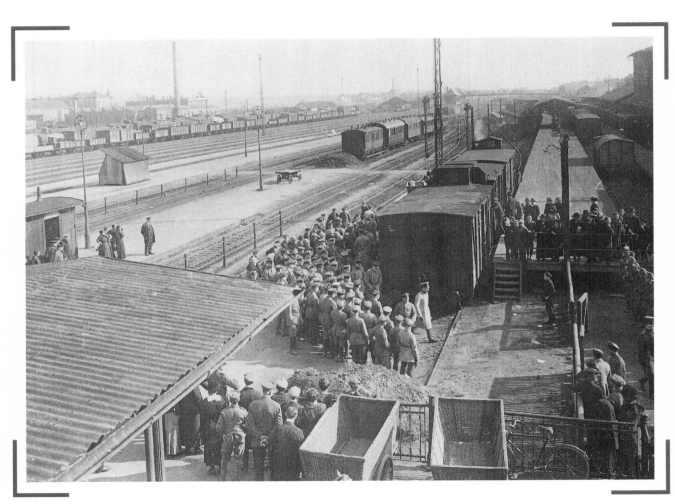

Selbst in schweren Zeiten ließ es sich die Stadt nicht nehmen, ihre Garnison zu würdigen. Einweihung des Denkmals für die Bamberger Ulanen am Obstmarkt unter Beteiligung des bayerischen Kronprinzen Rupprecht (Bildmitte) und der Bamberger Bevölkerung.

Links im Bild das Reiterdenkmal, das einen Ulanen zu Pferd zeigt und das sich heute in der Wunderburg befindet; im Hintergrund die städtische Altane.

Mit dem Waffenstillstand von 1918 ging auch für die Bamberger Regimenter der Krieg zu Ende. Einen besonderen Anlaß zum Feiern bot die Rückkehr der Kaiserulanen an ihren Garnisonsstandort.

Ankunft des 1. Ulanen-Regiments am 10. Februar 1919 in Bamberg. Das von der Ostfront zurückkehrende, noch Felduniform tragende Regiment wurde auf dem Maxplatz unter großer Anteilnahme der Bamberger Bevölkerung begrüßt.

Am 10. Februar 1919: Formation des 1. Ulanen-Regiments auf dem Maxplatz, im Hintergrund erkennbar die Räumlichkeiten des „Bamberger Tagblatts", rechts im Bild die Regimentsstandarte.

Auch das Musikkorps der Kaiserulanen befand sich auf dem Maxplatz. Rechts deutlich erkennbar der Kesselpauker.

Panoramablick auf den Maxplatz: Festlicher Fahnenschmuck umrahmt die Rückkehr der Bamberger Kaiserulanen am 10. Februar 1919.

Der folgende Umzug des 1. Ulanen-Regiments unter Leitung von Major Berthold Freiherr von Bibra durch die Stadt, im Vordergrund die Regimentsmusik mit Kesselpauker, rechts die heute nicht mehr existierende städtische Altane. Die silbernen Kesselpauken waren ein Geschenk Kaiser Wilhelms II., dem Inhaber des Regiments.

Reiter des 1. Ulanen-Regiments auf ihrem Weg durch die Stadt.

Die Monarchie hatte zwischenzeitlich abgedankt, Deutschland wandelte sich zur Republik. Dennoch blieben die Zeiten unsicher: Nach Ausrufung der Münchner Räterepublik nahm die bayerische Regierung unter Ministerpräsident Johannes Hoffmann im April 1919 ihren Sitz für kurze Zeit in Bamberg. Den Schutz der Regierungsmitglieder übernahmen u. a. das Freikorps „Bamberg" sowie die Freiwilligen-Eskadron „Schaetzler". Auf dem Bild erkennbar der Aufmarsch der Wachparade Richtung Neue Residenz am 26. April 1919. Im Hintergrund Martinskirche und die Partie am Gabelmann.

Aufnahme vom Pfingstmontag, 9. Juni 1919. Sperre und Kontrolle für den Verkehr über den Domberg zur Sicherung der in der Residenz untergebrachten Regierung Hoffmann. Das Bild zeigt die Kontrolle eines Passanten am oberen Ausgang der absperrenden Planken an der Domschule, damals Kommandantur der Regierungstruppen. Davor der Kaufmann Schorr als Posten der Bürgerwehr, weiter unten ebenfalls ein Bürgerwehrmann erkennbar. Die weiße Armbinde am linken Arm trug den Aufdruck „Bürgerwehr Bamberg". Die Mütze aus schwarzer Wachsleinwand wurde im Krieg vom Landsturm getragen. Der Posten am hölzernen Schilderhaus, einen Passanten kontrollierend, trägt fälschlicherweise den Stahlhelm. Dieser wurde, so ist auf dem Bild vermerkt, auf Veranlassung des Photographen aufgesetzt, damit es „besser aussieht".

Weitere Mitglieder der Bamberger Bürgerwehr vor der Silhouette des Hafens.

Auch Bamberg schickte nun Truppenteile zur Niederwerfung der Räterepublik in München. Abmarsch einer Artillerie-Abteilung am 3. Mai 1919 in der Langen Straße.

Einbiegen der Artillerie-Gespanne Richtung Gabelmann, links wiederum die städtische Altane.

Berittener Musikzug, den Ausmarsch der Artilleristen nach München mit „klingendem" Spiel begleitend.

$\mathbb{A}$uch nach der vermeintlichen Wiederherstellung der öffentlichen Ordnung in Bayern prägte Militär das Bamberger Straßenbild. Trauergedenktag für die Kriegsopfer in Bamberg, 30. Oktober 1921. Aufmarsch zum Gedächtnisgottesdienst.

Ein Großereignis für die Stadt: Gefallenenehrung auf dem Domplatz, im Hintergrund die Alte Hofhaltung, 30. Oktober 1921.

Knapp ein Jahr später rüstete sich Bamberg zu einer neuerlichen Feier mit militärischem Hintergrund: Teilnehmer an der 200-Jahrfeier des Königlich Bayerischen 5. Infanterie-Regiments im Juli 1922. Empfang am Bamberger Bahnhof.

Anläßlich der 200-Jahrfeier wurde nach dem Feldgottesdienst ein Gedenkstein im Hain enthüllt. Auf dem Bild gut erkennbar die Teilnehmer in historischen Uniformen des 5. Infanterie-Regiments.

Blick auf die Festgäste, Ehrenjungfrauen und Teilnehmer der Feierstunde in historischen Uniformen. Mit patriotischem Stolz wurde mancher Orden zur Schau gestellt, manches Kriegserlebnis kolportiert. Im Hintergrund die Regimentsfahnen.

Aufbewahrung der historischen Fahnen des Infanterie-Regiments Nr. 5 auf der Polizeihauptwache im Rathaus während der Feier des 200-jährigen Regimentsjubiläums am 15., 16. und 17. Juli 1922.

Auch andere Feierstunden fanden unter Beteiligung militärischer Repräsentanten statt. Bamberger Heinrichsfest vom 6. bis 13. Juli 1924. Ankunft der Würdenträger vor dem Dom.

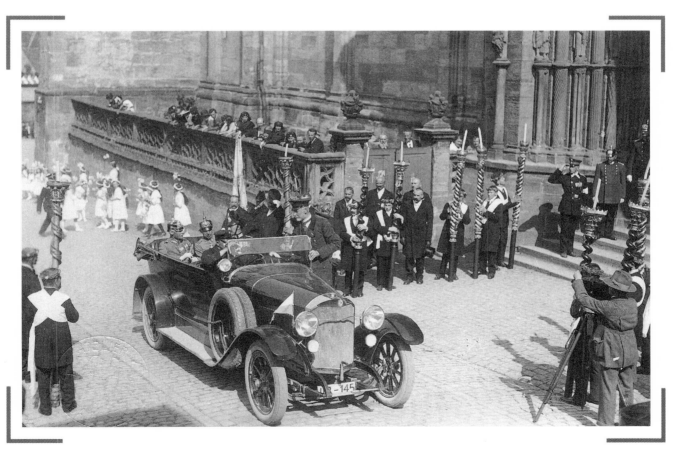

Nach dem verlorenen Ersten Weltkrieg mußte, gemäß den Bestimmungen des Versailler Vertrages, auch die bayerische Armee umstrukturiert werden. Das 17. Bayerische Reiter-Regiment trat nun an die Stelle der Bamberger Kaiserulanen und übernahm damit zugleich deren Tradition.

Im Bild Oberstleutnant Franz Freiherr von Perfall, von 1932 bis 1934 vierter Kommandeur des Bamberger Reiter-Regiments 17.

Rekrutenvereidigung der Bamberger Reiter auf dem Hof der Koppenhofkaserne 1933. Im Vordergrund links wiederum Oberstleutnant Freiherr von Perfall.

Eine weitere Vereidigung neuer Rekruten des 17. Reiter-Regiments, diesmal in der gedeckten Reitbahn der Holzhofkaserne II.

Trotz Drill und Kommiß blieb den frischgebackenen Soldaten Zeit und Laune zu allerlei „Unfug". Was der Rekrut nach
Dienstschluß trieb (I): „Stube 93 beim Biereid".

Was der Rekrut nach Dienstschluß trieb (II): „So schmeckt's".

Und wieder Festlichkeiten: Standartenweihe im Hof der Ulanenkaserne, Nürnberger Straße am 21. März 1933. Pater Wigbert hält die Hl. Messe, rechts mit Zylinder Bambergs damaliger Oberbürgermeister Luitpold Weegmann.

Musikkorps des Reiter-Regiments 17 mit Kesselpauken, rechts im Bild Stabsmusikmeister Georg Heinlein. Heinlein war an der berühmt gewordenen Attacke der bayerischen Ulanen in der Schlacht bei Lagarde am 11. August 1914 beteiligt gewesen. Er blies damals das Hornsignal zum Angriff. Wie auf dem Bild ersichtlich, ritt er als einziges Mitglied des Musikkorps einen Schimmel.

Immer ein Publikumsmagnet: Die Regimentsmusik der „17er"-Reiter unter Leitung von Stabsmusikmeister Heinlein spielt unter großer Beteiligung der Bevölkerung auf dem Bamberger Domplatz, 1932. Deutlich sichtbar die „Schwalbennester" der Musiker sowie die jetzt getragenen Schirmmützen der Reichswehr mit Kokarde.

Auch Claus Graf Schenk von Stauffenberg weilte eine zeitlang in der Bamberger Garnison. Hier als Zugführer eines Infanterie-Geschützzuges. Stauffenberg verübte am 20. Juli 1944 das fehlgeschlagene Attentat auf Adolf Hitler. In Bamberg erinnern an seine Person u. a. eine Straße, die nach ihm benannte Schule sowie eine erst vor kurzem am Alten Rathaus der Stadt angebrachte Gedenktafel.

Auch nach dem Ende der Kaiserzeit erhielt die Bamberger Garnison immer wieder hohen Besuch: Werner Freiherr von Fritsch, General der Artillerie, reitet an der Seite von Kommandeur Freiherr von Perfall an der Spitze des Reiter-Regiments 17 in die Holzhofkaserne (Ecke Holzgartenstraße/Nürnberger Straße) ein. 1938 fiel Generaloberst von Fritsch als Oberbefehlshaber des Heeres zusammen mit Kriegsminister Werner von Blomberg einer Intrige Hitlers sowie seiner Paladine zum Opfer und wurde psychisch demontiert. 1939 wurde Fritsch schließlich vor Warschau tödlich verwundet.

Abwechslung vom dienstlichen Einerlei: Enthüllung eines Gedenksteins im Hauptsmoorwald für Ober-
leutnant Edgar Lautenschlager, der 1931 an dieser Stelle bei einem Reitunfall ums Leben kam.

Zu dieser Gedenkfeier war auch das Musikkorps des 17. Reiter-Regiments angetreten.

Parade des 17. Reiter-Regiments am Schönleinsplatz, um 1936. Vorne im Auto Generalleutnant Franz Freiherr von Perfall, hinter ihm stehend (mit Mütze) NSDAP-Kreisleiter Lorenz Zahneisen.

Die Tradition blieb stets lebendig: Blick vom Bamberger Bahnhof in die Luitpoldstraße. Im Vordergrund ein Willkommensspruchband mit Hinweis auf die Kaiserulanen.

Im Jahr 1936 erhielt die Bamberger Garnison Zuwachs: Einzug der 2. Abteilung des Artillerie-Regiments 74 aus Erfurt in Bamberg, 6. Oktober 1936. Auf dem Bild erkennbar ein Halbkettenfahrzeug mit angehängter 10,5 cm Feldhaubitze.

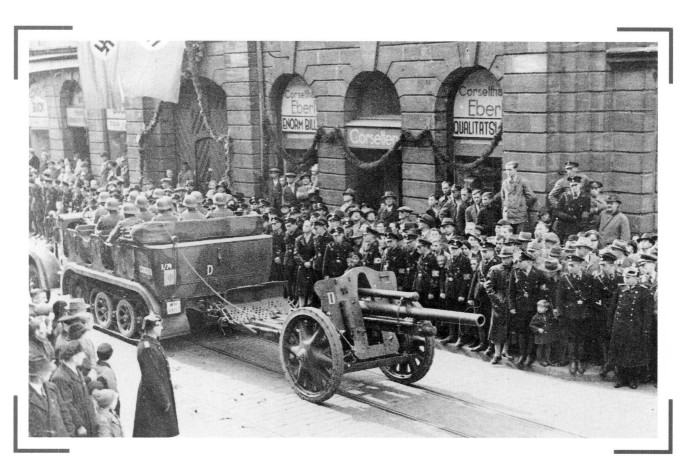

Die neuen Truppenteile wurden von der Stadt feierlich begrüßt. Blick auf den mit Girlanden geschmückten Maxplatz, rechts im Bild das Musikkorps des Reiter-Regiments 17, in der Bildmitte vorbeiziehende Panzerspähwagen und Kradschützen.

Letzte Relikte einer bereits vergangenen Epoche: Pferdegespanne und das Musikkorps der 17er Reiter.

Doch auch die Waffen einer neuen Zeit machten vor den Mauern der Bischofsstadt nicht Halt. Zusammen mit dem Artillerie-Regiment 74 zog im Oktober 1936 das Panzerregiment 3 in Bamberg ein.

Schwerer Transport-LKW der Panzertruppe am Grünen Markt/Maxplatz. Im Vordergrund noch gut erkennbar die heute nicht mehr vorhandenen Schienen der Bamberger Straßenbahn.

Der Einzug der Panzersoldaten wurde von einer großen Menge Schaulustiger begleitet. Standartenträger des Panzerregiments 3 vor der Einhorn-Apotheke.

Schellenbaumträger des Musikkorps des Panzerregiments 3 am Maxplatz. Der Schellenbaum war kein Musikinstrument im eigentlichen Sinne, sondern vielmehr eine aus dem türkischen Bereich stammende Siegestrophäe, die bereits im 18. Jahrhundert Eingang in die deutschen Heere fand. Besonders auffällig der mit zwei farbigen Roßschweifen, Glocken und Eisernen Kreuzen behängte Halbmond im oberen Teil des Bildes!

Oktober 1936. Rekruten des Panzerregiments 3 beim Vorbeimarsch an der Erlöserkirche. Die deutsche Panzertruppe erhielt ab 1935 das schwarze Barett als Kopfbedeckung. An der Stirnseite waren ein Eichenkranz mit Kokarde sowie ein Hoheitsabzeichen (Adler mit Hakenkreuz) angebracht.

Die Standardwaffe des Panzerregiments 3: Panzer I, hier mit Tarnanstrich.

Aufstellung des Artillerie-Regiments 74 und des Panzerregiments 3 auf der Breitenau, 6. Oktober 1936.

Oberstleutnant Josef Harpe (links), Kommandeur des Panzerregiments 3, spricht am 6. Oktober 1936, anläßlich der Begrüßung seines Regiments, auf der Breitenau.

Auch Generaloberst Heinz Guderian (rechts) war bei der Begrüßung der neuen Bamberger Regimenter auf der Breitenau anwesend. Guderian avancierte während des Zweiten Weltkriegs – besonders wegen seiner Erfolge im Westfeldzug – zu einer der bekanntesten deutschen Generalsfiguren.

Kriegerisches Gepränge vor historischer Kulisse: Durchzug einer Panzerabwehrabteilung am 25. Februar 1937; Rast auf dem Domplatz. Im Vordergrund erkennbar Krupp-Zugmaschinen mit angehängter 3,7 cm Pak. Dieses Panzerabwehrgeschütz handelte sich während des folgenden Krieges – eingedenk der geringen Durchschlagskraft seiner Geschosse – den Spitznamen „Reichsanklopfgerät" ein.

Das Panzerregiment 3 wurde 1938 aus Bamberg abberufen. Seine Stelle nahm das Panzerregiment 35 ein. Im Bild der Einzug des Regiments am 9. Dezember 1938 in Bamberg. Links im Hintergrund die „Alte Mauth", im ersten Tank der Regimentskommandeur, Oberstleutnant Heinrich Eberbach.

Feierliche Begrüßung des Panzerregiments 35 auf dem Maxplatz. Im Bild: Generalmajor Max von Hartlieb, Oberbürgermeister Lorenz Zahneisen, Generalleutnant Franz Freiherr von Perfall sowie der Kommandeur des Panzerregiments, Oberstleutnant Heinrich Eberbach.

Paradeaufstellung der neuen Panzertruppen auf dem Maxplatz. Bei den abgebildeten Kampfwagentypen handelt es sich um Panzer I und II. Die gesamte Uniform der Panzersoldaten war in Schwarz gehalten. Auf der kurzen Jacke wurden Kragenspiegel mit Totenkopfemblem getragen.

Vorbeimarsch des Panzerregiments 35 durch die Lange Straße Richtung Schönleinsplatz, im Hintergrund das Hotel-Restaurant Messerschmitt.

Schon einige Monate zuvor, am 12. Januar 1938, war die Verbringung der Standarten des Reiter-Regiments 17 zum Standortältesten in der Hainstraße erfolgt. Wieder nahm die Bevölkerung regen Anteil.

etzte Feierlichkeiten im Frieden. Ulanendenkmal am Obstmarkt: Feierstunde für die bei Lagarde gefallenen Ulanen, 11. August 1939. Oberstleutnant Karl Rübsam legt den Kranz des Reiter-Regiments 17 nieder. Regimentsangehörige halten die Ehrenwache.

Knapp einen Monat später, am 1. September 1939, begann der Zweite Weltkrieg. Dessen Ausgang besiegelte zugleich das Ende Bambergs als Garnisonsort für deutsche Truppen. Nach 1945 rückten nurmehr amerikanische Verbände in die noch bestehenden Kasernenbauten ein.

Das Reiterregiment 17 hatte von 1939 bis 1945 insgesamt 2717 Gefallene und Vermißte zu beklagen, das Panzerregiment 35 im selben Zeitraum insgesamt 663 Gefallene, 110 Vermißte und 1167 Verwundete.

Verwendete Quellen

A. Ungedruckte Quellen

1. Staatsarchiv Bamberg

Kgl. Bayer. Regierung v. Oberfranken, Kammer d. Inneren, K3B, Nr. 278–279.
Regierung v. Oberfranken, Präsid. Regist. K3, Nr. 781.
Regierung v. Oberfranken, Präsid. Regist. K3, Nr. 813 I–IV.
Regierung v. Oberfranken, Präsid. Regist. K3, Nr. 960 I–IV.

2. Stadtarchiv Bamberg

Acta d. Magistrats d. Stadt Bamberg, C2, 84–87, 3.741.
Acta d. Magistrats d. Stadt Bamberg, C2, 93, 3.887, No. 12.590.
Acta d. Magistrats d. Stadt Bamberg, C2, 93, Tit. II, F.119 Nr. 1–2.
Acta d. Magistrats d. Stadt Bamberg, C2, 93/94, Akt. Nr. 9.
Acta d. Magistrats d. Stadt Bamberg, C2, 95/96, 3.913, No. 2/57.
Acta d. Magistrats d. Stadt Bamberg, C2, 95/96, 3.913, No. 4.313.
Acta d. Magistrats d. Stadt Bamberg, C2, 95/96, 3.913, No. 19.007.
Acta d. Magistrats d. Stadt Bamberg, C2, 95/96, 3.919, A.d.
Acta d. Magistrats d. Stadt Bamberg, C2, VII, A.Tit. 22, Nr. 52.
Wahlmaterialien
B.S. 267/1.
B.S. 267/10.

3. Kriegsarchiv des Bayerischen Hauptstaatsarchivs München

MKr 13304
MKr 5003 Prod. ad. 40
MKr 7885 Prod. 4

B. Gedruckte Quellen

Stadtarchiv Bamberg

Bamberger Volksblatt v. 7. Mai 1849
Bamberger Neueste Nachrichten v. 2. September 1869
Bamberger Tagblatt v. 23. Juni 1913
Bayerische Ostmark v. 6. Oktober 1936
Bamberger Volksblatt v. 20. Dezember 1938
Fränkischer Tag v. 18. Januar 1951
Volksblatt v. 6. Juli 1953
Volksblatt v. 28.1.1961
Fränkischer Tag v. 1. September 1984

Dresch, Johann Casimir, Die Umtriebe in Bamberg und das Benehmen seiner Bewohner in Bezug auf die Ereignisse in neuester Zeit, Bamberg 1848. Rep. BBh Nr. 4.

Quast, Wilhelm, Standortchronik Bamberg. Die Geschichte des Standortes bis zum Ausbruch des Weltkrieges. Abschn. Ia, Rep. BCf 5/1.

Ders., Standortchronik Bamberg. Die Geschichte der militärischen Anlagen und der Truppe des Standortes bis zum Ausbruch des Weltkrieges. Abschn. Ib, Rep. Bcf 5/2.

Nachrichten des XIII. Armeekorps, BEd 41.

Verwendete Literatur

Albart, Rudolf, Warum sich die „Fünfer" und Ulanen nicht leiden konnten, in: Bamberg Heute 2, (1986), S. 31–34.

Aretin, Karl Otmar Freiherr v., Vom Deutschen Reich zum Deutschen Bund, in: Deutsche Geschichte, Bd. 2, bearb. v. B. Moeller, M. Heckel u.a., Göttingen 1985, S. 513–672.

Bamberg, eine Stätte deutscher Kultur, hgg. im Auftrag des Oberbürgermeisters, Bamberg 1938.

Braun, Rainer u.a., Bayern und seine Armee, München 1987.

Ders., Garnisonsbewerbungen aus Franken 1803–1919. Motive und Hintergründe, in: Jahrbuch für fränkische Landesforschung 47, (1987), S. 105–150.

Ders., Kloster und Kaserne. Militärische Nutzung und Schicksal kirchlicher Bauten in Franken im 19. Jahrhundert, in: Jahrbuch für fränkische Landesforschung 52, (1992), S. 363–380.

Breuer, Tilmann/Gutbier, Reinhard, Die Kunstdenkmäler von Oberfranken – Stadt Bamberg, Innere Inselstadt, München 1990.

Buchner, Max, Gebsattel, Ludwig Freiherr von, Bayerischer General der Kavallerie 1857–1930, in: Lebensläufe aus Franken 5, (1936), S. 85–100.

Caspary, Hermann, Staat, Finanzen, Wirtschaft und Heerwesen im Hochstift Bamberg (1672–1693), Bamberg 1976.

Demeter Karl, Das Deutsche Offizierskorps in Gesellschaft und Staat 1650–1945, Frankfurt 1962.

Fischer, Theodor, Geschichte des Kgl. Bayer. 5. Infanterie-Regiments „Großherzog von Hessen", Bamberg 1878.

Frauenholz, Eugen v., Geschichte des kgl. bayerischen Heeres von 1867–1914, München 1914.

Ders., Das Kgl. Bayer. 1. Ulanen-Regiment „Kaiser Wilhelm II. König von Preußen", Augsburg 1924.

Garnisonen vorm Frankenwald, Bamberg–Coburg–Ebern (= Schriftenreihe „Tradition im Fortschritt" des Waffenrings der Kampftruppen, Kavallerie, Schnelle Truppen e.V., Bd. X), Coburg 1972.

Gebsattel, Ludwig Freiherr von, Das deutsche Heer vor 1914 und sein Offizierskorps, in: Gelbe Hefte I, (1925), S. 713–733.

Ders., Das Kgl. Bayer. 1. Ulanen-Regiment „Kaiser Wilhelm II. König von Preußen", Augsburg 1924.

Gerneth, Johann, Geschichte des Kgl. Bayer. 5. Infanterie-Regiments, I. Teil 1722–1804, Berlin 1883.

Gerneth, Johann/Kießling, Bernhard, Geschichte des Kgl. Bayer. 5. Infanterie-Regiments, II. Teil 1812–1833, Berlin 1893.

Gößelmann, Ambrosius, Zur Geschichte des Franziskanerklosters in Bamberg, in: Bamberger Blätter für fränkische Kunst und Geschichte 16, (1926), S. 1–3.

Grimm, Heinrich, Die Verwüstungen des Hochstifts Bamberg im Markgrafenkrieg 1552/54, in: Fränkische Blätter für Geschichtsforschung und Heimatpflege 6, (1954), S. 21–24.

Gruner, Wolf, Das Bayerische Heer von 1825 bis 1864, Boppard a.R. 1972.

Gußregen, Josef, Die Wehrverfassung des Hochstifts Bamberg im 18. Jahrhundert, in: Bamberger Blätter für fränkische Kunst und Geschichte 15 (1938), S. 6–7.

Herrmann, Hans, Das ehemalige fürstbischöfliche Jagdzeughaus in Bamberg, in: Fränkisches Land in Kunst, Geschichte und Volkstum (1961), S. 1–2.

Hofmann, Michel, Vor 150 Jahren: Die große Säkularisation 1802/03, in: Fränkische Blätter für Geschichtsforschung und Heimatpflege 5, (1953), S. 17–20.

Hopf, Heinrich, Das Schicksal der Barockausstattung der Klosterkirche „Zum Heiligen Grab" in Bamberg, in: Berichte des Historischen Vereins Bamberg 116, (1980), S. 141–155.

Kageneck, August Graf v., Die Bamberger Reiter. Porträt eines außergewöhnlichen Reiterregiments, München 1992.

Kestler, Stefan, Franzoseneinfall und „Franzosenzeit" in Franken 1796–1815. Ein Überblick unter Berücksichtigung des Hochstifts Bamberg (= Heimatbeilage zum Amtlichen Schulanzeiger des Regierungsbezirks Oberfranken, Nr. 236), Bayreuth 1996.

Ders., Frühneuzeitliche Hexenverfolgungen in Bayern und Franken. Bemerkungen zu einem historischen Problembereich, in: Würzburger Diözesangeschichtsblätter 58, (1996), S. 171–180.

Kießling, Bernhard, Geschichte des Kgl. Bayer. 5. Infanterie-Regiments, III. Teil 1833–1897, Berlin 1897.

Kist, Johannes, Die Säkularisation des Hochstifts Bamberg, in: Fränkisches Land in Kunst, Geschichte und Volkstum (1959), S. 1–2.

Löll, Oskar, Bayerische Königsulanen in West und Ost, Ansbach 1920.

Maierhöfer, Isolde, Bamberg, Geschichte und Kunst, Weißenhorn 1973.

Meyer, Otto, St. Klara und ihr Kloster in Bamberg, in: Fränkische Blätter für Geschichtsforschung und Heimatpflege 5, (1953), S. 90–92.

Neundorfer, Joseph, Vom Steigerwald zum Jura. Zur Geschichte einer Landschaft, Bamberg 1987.

Paschke, Hans, Das Dominikanerkloster zu Bamberg und seine Umwelt, in: Berichte des Historischen Vereins Bamberg 105, (1969), S. 511–587.

Ders., Das Franziskanerkloster an der Schranne zu Bamberg, in: Berichte des Historischen Vereins Bamberg 110, (1974), S. 167–318.

Ders., Das Kapuzinerkloster zu Bamberg, in: Berichte des Historischen Vereins Bamberg 113, (1977), S. 5–122.

Ders., Die lange Gasse zu Bamberg (= Studien zur Bamberger Geschichte und Topographie, Heft 12), Bamberg 1958.

Pfeiffer, Maximilian, Beiträge zur Geschichte der Säkularisation in Bamberg, in: Alt Bamberg VIII, (1906), S., 24–176.

Potempa, Harald, Die Königlich-Bayerische Fliegertruppe 1914–1918 (= Europäische Hochschulschriften Bd. 727), Frankfurt/M. 1997.

Renz, Oskar, Geschichte des Kgl. Bayer. 1. Ulanen-Regiments „Kaiser Wilhelm II. König von Preußen" 1863–1898, Bamberg 1898.

Richter, Klaus Christian, Die feldgrauen Reiter, Augsburg 1993.

Ders., Die Geschichte der deutschen Kavallerie 1919–1945, Augsburg 1994.

Rizzi, Otto Ritter v., Die Attacke der Bayer. Ulanenbrigade bei Lagarde am 11. August 1914, München 1934.

Ders., Geschichte der bayerischen Reiterei 1871–1914, München 1932.

Rumschöttel, Hermann, Bildung und Herkunft der Bayerischen Offiziere 1866–1914, in: Militärgeschichtliche Mitteilungen (MGM) 2, (1970), S. 81–131.
Ders., Das bayerische Offizierskorps 1866–1914, Berlin 1973.

Scheglmann, Alfons, Geschichte der Säkularisation im rechtsrheinischen Bayern, Bd. 3, Teil 2, Regensburg 1908.

Schmidt, Karl, „Mein Regiment". Kgl. Bayer. 1. Ulanenregiment, Standort Bamberg, Bamberg 1911.

Schulz, Hugo, Die Bayerischen, Sächsischen und Württembergischen Kavallerie-Regimenter 1913/1914, Augsburg 1992.

Schuster, Anton, Alt-Bamberg, Bamberger Taschenbuch, Bde. IV u. V, Bamberg 1901/02.

Ulsamer, Hubert, Zur Geschichte der Säkularisation des Bistums Bamberg, in: Bamberger Blätter für Fränkische Kunst und Geschichte 14 (1924), S. 2–4.

Weniger, Heinrich, Bamberg im Kriege 1806, in: Das Bayerland XXXVIII, 16/2 (1927), S. 494–496.

Zimmermann, Ludwig, Die Einheits- und Freiheitsbewegung und die Revolution von 1848 in Franken, Würzburg 1951.

Abbildungsquellen

HM Dia 49
Stadtarchiv Bamberg BS 267/3 H3 B4
HM PH 46
HM Dia 4
Stadtarchiv Bamberg BS 267/2 H14 B4
Stadtarchiv Bamberg BS 267/2 H8 B2
HM PH 65
Stadtarchiv Bamberg BS 267/2 H13 B3
HM Dia 7
Stadtarchiv Bamberg BS 267/2 H11 B3
Stadtarchiv Bamberg BS 267/2 H13 B2
Stadtarchiv Bamberg BS 267/2 H8 B4
Stadtarchiv Bamberg BS 267/2 H8 B3
Stadtarchiv Bamberg BS 267/2 H20 B1
Stadtarchiv Bamberg BS 267/3 H9 B1
Stadtarchiv Bamberg BS 267/2 H13 B1
Stadtarchiv Bamberg BS 267/2 H9 B4
Stabi V Bw. 13
Stabi V Bw. 14
Stadtarchiv Bamberg BS 267/2 H8 B1
Stadtarchiv Bamberg BS 267/2 H10 B4
Stabi V Bw. 46
Stadtarchiv Bamberg BS 267/2 H1 B1
Stadtarchiv Bamberg BS 267/2 H9 B3
HM PH 78/12
HM Dia 6
Stadtarchiv Bamberg BS 267/2 H10 cB3
Stadtarchiv Bamberg BS 267/2 H14 B1
Stadtarchiv Bamberg BS 267/2 H15 B4
HM PH 78/3
Stabi V Bxb. 106
Stabi V Bxb. 101
Stabi V Bxb. 109
Stabi V Bxb. 112
Stabi V Bxb. 94 D
Stadtarchiv Bamberg BS 2872 H4 B4
Stabi V Bxb. 63
Stabi V Bxb. 67
HM PH 78/1
HM PH 78/2

Stabi V Bxb. 34
Stabi V Bxb. 31
Stabi V Bxb. 30
Stadtarchiv Bamberg BS 267/2 H6 B2
Stabi V Bxb. 38
Stabi V Bxb. 40
Stabi V Bxb. 50
Stabi V Bxb. 59
Stadtarchiv Bamberg BS 2873 3c-d
Stabi V Bxb. 58
Stabi V Bxb. 57
Stabi V Bxb. 54
Stadtarchiv Bamberg BS 269/3 H4 B1
Stadtarchiv Bamberg BS 269/3 H2 B1
Stadtarchiv Bamberg BS 267/3 H2 B1
Stadtarchiv Bamberg BS 267/3 H5 B4
Stadtarchiv Bamberg BS 267/3 H5 B3
Stadtarchiv Bamberg BS 267/3 H6 B4
HM Gr. 2233/99
Privatbesitz (Dr. Stefan Kestler)
Privatbesitz (Dr. Stefan Kestler)
Privatbesitz (Dr. Stefan Kestler)
Privatbesitz (Dr. Stefan Kestler)
Privatbesitz (Ulrich Hoffmann)
Privatbesitz (Ulrich Hoffmann)
Privatbesitz (Dr. Stefan Kestler)
Privatbesitz (Dr. Stefan Kestler)
Privatbesitz (Dr. Stefan Kestler)
Stadtarchiv Bamberg BS 267/4 AH2 B4
Stadtarchiv Bamberg BS 267/4 AH1 B3
Stadtarchiv Bamberg BS 267/4 AH3 B1
Stadtarchiv Bamberg BS 267/4d H3 B2
Privatbesitz (Dr. Stefan Kestler)
Privatbesitz (Dr. Stefan Kestler)
Privatbesitz (Ulrich Hoffmann)
Privatbesitz (Ulrich Hoffmann)
Privatbesitz (Ulrich Hoffmann)
Stadtarchiv Bamberg BS 267/4d H2 B3
Stadtarchiv Bamberg BS 267/6 H2 B2
Stadtarchiv Bamberg BS 267/6 H2 B4

Stadtarchiv Bamberg BS 267/6 H3 B3
Stadtarchiv Bamberg BS 267/6 H5 B1
Stadtarchiv Bamberg BS 267/7 H3 B3
Stadtarchiv Bamberg BS 267/6 H4 B4
Stadtarchiv Bamberg BS 267/7 H4 B1
Stadtarchiv Bamberg BS 267/1 H1 B5
Stadtarchiv Bamberg BS 267/7 H3 B4
Stadtarchiv Bamberg BS 267/7 H1 B3
Stadtarchiv Bamberg BS 267/7 H2 B1
Stadtarchiv Bamberg BS 267/7 H1 B4
Stadtarchiv Bamberg BS 269/2 H1 B1
Stadtarchiv Bamberg BS 267/7 H7 B3
Stadtarchiv Bamberg BS 267/7 H8 B1
Stadtarchiv Bamberg BS 267/7 H7 B1
Stadtarchiv Bamberg BS 267/7 H8 B2
Stadtarchiv Bamberg BS 268/2 H1 B2
Stadtarchiv Bamberg BS 269/3 H8 B3
Fränkischer Tag Bamberg

Über die Autoren

Stefan Kestler, geb. 1962 in Bamberg. Nach Abitur und Wehrdienst Studium der Geschichte und Denkmalpflege. 1992 Promotion. Zur Zeit wissenschaftlicher Assistent am Lehrstuhl für Neuere und Neueste Geschichte der Otto-Friedrich-Universität Bamberg. Zahlreiche Veröffentlichungen im Bereich der Regional- und Landesgeschichte.

Kai Uwe Tapken, geb. 1965 in Bamberg. Nach dem Abitur 1985 Studium der Rechtswissenschaften in Bayreuth, ab 1987 Studium der Geschichte und Archäologie des Mittelalters und der Neuzeit in Bamberg und Kiel. 1993 Magisterabschluß. Von 1995 bis 97 wissenschaftlicher Volontär am Historischen Museum Bamberg, anschließend Mitarbeiter der Ausstellung „Die Andechs-Meranier in Franken" im Historischen Museum Bamberg für Projektorganisation und Öffentlichkeitsarbeit. Verschiedene Veröffentlichungen zur Regionalgeschichte.

Danksagung

Für freundliche Hilfe und Unterstützung danken wir
Arno Debus, Untersiemau
Lothar Hennig, Bamberg
Ulrich Hoffmann, Gundelsheim
Dr. Franz Graf Du Moulin Eckart, Neuburg a. d. Donau
Dr. Robert Zink, Bamberg